日本人にとって英語とは何か

異文化理解のあり方を問う

大谷泰照◉著

大修館書店

はじめに

「国際化時代」の日本人

法務省の発表によれば、昨年（平成18年）海外へ出かけた日本人は、平成12年の1781万人に次ぐ史上2番目に多い1753万人を記録したという。日本人の年間海外渡航者数が1千万人の大台にのせたのは平成2年のことであったが、以来17年間、湾岸戦争の年も、平成大不況の時代になっても、その数が1千万人を割り込むことは、ついぞなかった。

1千数百万人といえば、ヨーロッパならアイルランド、ノルウェー、フィンランド、デンマークあたりの国々の人口の、実に何倍にも相当する数である。こんな近年の日本人の海外渡航は、かつてのゲルマン民族の大移動をもはるかに凌ぐ現代版「民族の大移動」と言ってよい。

旧運輸省が、国際的な相互理解を深めるためにと「海外旅行倍増計画」を打ち出したのは、昭和62年のことであった。その前年の昭和61年、日本人の海外渡航者は552万人であったが、「パスポートをとって国際人になろう」などというキャッチフレーズが効いたか、わずか数年で、その目標を軽く突破してしまった。

しかし、言うまでもなく、パスポートをとって海外に出かけさえすれば、それで自然に「国際人」が生まれるはずもなかった。むしろ、大挙して出かける日本人旅行者の傍若無人な「非国際性」が、海外では厳しい指弾を受けることさえ目立つようになった。

ハワイ・オアフ島のパンチボウルでは、はるかダイヤモンド・ヘッドを背景に記念写真を撮る日本人団体客が絶えないが、その彼らが観光バスに戻る前に、そばの芝生に次々と立ち小便をして行くことが問題になったことがある。ホノルルの街を見下ろすこの高台は、芝生の中に第2次大戦などの戦没者2万6000余人の墓碑が並ぶ国立記念墓地である。その勇敢さを広く謳われた日系人442部隊の多くの戦死者たちも、またこの墓地に眠る。当時、日系人が議席の半数近くを占めていたハワイ州議会も、ついにたまりかねて、「犬と日本人立ち入り禁止」の立て札を出すことさえ検討したほどである。

敬虔な祈りの場であるはずの教会でも、日本人観光客は'No Smoking'や'No Photo'の警告を無視して、タバコをくわえ、フラッシュをたく。ホテルに泊まれば、他の宿泊客の迷惑も考えず、肌着姿のまま大声で話しながら、廊下を行き来する。ついにヨーロッパでは、「日本人団体客お断り」の教会やホテルまで出る始末である。

海外旅行ブームの波に乗って、海外でのホームステイも盛んになった。大阪府のある市でも、アメリカ西海岸の姉妹都市と、夏休みを利用して若者たちの短期交換派遣プログラムを始めた。日本から出かける若者たちは、毎回、何の問題もなくアメリカ側の家庭に受け入れられる。ところが、われわれ世話係の一番の悩みは、アメリカの若者を受け入れる日本側の家庭である。毎回、金髪の白人女子学生なら、日本側の家庭からまるで奪い合うように受け入れ希望が出る。しかし、われわれとはだの色が同じ日系人学生の場合は、受け入れを希望する家庭はぐんと減る。黒人学生となると、先ず希望者はない。やむなく受け入れ家庭を探す世話係が、自分の家庭に引き取る結果になる。

これが、年間1700万人も海外へ出かけるほどに「国際化」が進んだはずの日本人の「国際度」のありようである。

日本人と味覚の尺度

海外へ出かけた日本人旅行者たちが異口同音に言うのが、現地の食事のまずさである。たとえば、サンフランシスコやロサンゼルスの日本人街の日本食堂は、ほとんどいつも日本からの団体旅行者たちで混雑している。日本食に飢えた彼らは、口々にアメリカのハンバーグや魚料理のまずさをこぼし、いまさらのように日本のすしやてんぷらのうまさを言う。

これは一部の日本人旅行者たちの勝手な言い分というよりも、広く日本人一般の傾向とみて間違いなさそうである。たとえば、ベストセラー『気くばりのすすめ』など数々の著作でも広く知られ、かつては「ＮＨＫの知性」とさえ言われた看板アナウンサー鈴木健二は、「西欧人がいかに大味な好みしか持っていないかが、向こうの料理を食べるとすぐに分かります。味については三流四流五流の人種です」（『女の暮らし再発見』ＰＨＰ研究所）と大真面目に考えている。「日本の知性」と呼ばれるわが国の国際的な評論家・加藤周一でさえ、「日本製のビールは米国製のよりも味がよい……日本式低カロリー食の味の洗練は独特であって、はるかに米国流を抜く」（「日米優劣七点」『朝日新聞』１９７６年１月５日夕刊）と書く。

しかし、よく考えてみれば、およそ味覚の好みほど個人差・民族差の甚だしいものも少ない。日本のビールよりも、アメリカの「シュリッツ」や「バドワイザー」を好む人々は、日系米人たちの中にさえ決して少なくない。第一、世界では、生きた魚を目の前で切り刻んで、サシミなどと称してパクパク食べる人間よりも、それを何とも薄気味悪く野蛮な食べ物と嫌う人間のほうが圧倒的に多数派である。

とすれば、われわれが何をおいても認識しなければならないことは、アメリカのハンバーグが日本のてんぷらよりもまずいということではない。むしろ、われわれにはまずいと思えるハンバーグを何よりもうまいと思う人々が、この地球上に存在するという厳然たる事実のほうではないか。およそ、世界65億人の味覚の尺度を、自分だけが一手に独占していると錯覚するほど恐ろしい思い上がりはない。

このように考えてくると、「キムチは嫌い」と語ったわが小泉純一郎首相を、反韓的政治家のように風刺漫画に仕立て上げる韓国のマスコミも、また、ことさらに「キムチが大好き」と触れ回った訪韓中の鳩山由紀夫代議士の姿勢も、ともに味覚の尺度の多様性という、いわば異文化理解のイロハにもいまだに目覚めていないという点では、いずれも似たもの同士と言わなければならない。

英語学習と異文化理解

われわれは、海外へ出かけさえすれば、自然に「国際人」が育つと思いがちであるように、英語さえ学べば、国際理解は自然に達せられるかのように、とかく安易に考えすぎるきらいがある。英語さえ出来れば、もうそれだけで国際感覚の豊かな国際人、と思いがちである。

しかし、考えてみれば、戦時中のわが国の偏狭な国粋主義者の中にも、海外留学経験のある優れた英語の使い手は何人もいた。あれだけの残忍なユダヤ人虐殺を行ったナチ党員の中にも、英語の達人は決して少なくなかったという。

こうみると、海外旅行や英語の学習は、国際理解のためには意外に無力であることがよく分かる。ただ無力であるだけではない。時には、国際的な誤解を拡大し、偏見を増幅する危険さえもはらんでいる。大和資雄や菊池寛は、当代一流の英文学者であった。しかし、彼らの戦時中の英語国や英語文化に対する蔑視発言は、当時の一般の日本人をも驚かすほどのものであった。森有礼や尾崎行雄もまた、一流の英語の使い手であった。その彼らは、英語を学んだことによって、逆に日本語を劣等な言語と思い込み、ついには「英語国語化論」を提唱するまでになった。

このような言語・文化的偏見は、つまるところ、英語の学習を単なる小手先の言語技術の習得としか考えていなかったわれわれ自身の姿勢によるものと言わざるを得ない。今日、わが国の90％以上の小学校では、「総合的な学習の時間」に「国際理解」のための「英会話」が導入されているという。その「英会話」が、仮にも「国際理解」を目指そうとする英語指導ならば、単なる英語技能の習得だけでなく、言語・文化の多様性と相対性をありのままに認めようとする明確な姿勢が不可欠の要件であることを、あらためて思い起こす必要があろう。

本書は、こんなわれわれの異文化理解のありようを、英語の学習や指導の観点から、いささかの危機意識をもって、あらためて問い直そうとするものである。

目　次

日本人にとって英語とは何か

——異文化理解のあり方を問う

〈第1章〉日本の教育を点検する

●大いなる国際的誤解

「世界最高の数学学力」と「世界最低の外国語能力」。日本人につきまとうまるで対照的なこの2つの国際的評価自体が、実は、大いなる国際的誤解である。

しかし、当の日本人の間でさえ、自らに対するこのような評価があらためて点検されることもなく、そのまま鵜呑みにされているのが実情である。なぜこの種の誤解が大手を振ってまかり通るのか。ことの実態は、はたしてどうなのか。この問題の検討を手がかりにして、新しい異文化理解のありようを、言語と文化の視点から問い直してみたい。

〈1〉「世界最高の数学学力」

●国際数学学力テストの結果

日本の教育が世界の注目を集めるようになって、すでに久しい。戦後のわが国の経済や技術の目覚しい発展のカギを、その教育のなかに探ろうとする見方が海外で強まったためである。しかも、国内ではとかく深刻な荒廃にあえぐといわれる近年のわが国の学校教育が、片や海外では、たぐいまれな成功例として高い評価をうけることが多い。

たとえば、教育の地方分権が長年の伝統であったイギリスで、1980年代以降、国家統一カリキュラム（National Curriculum）をはじめとする様々な中央集権的な教育改革が地方の反対を押し切って断行されたのは、明らかに日本の教育の「成果」に触発されたためである。マイク・ハワース『イギリスの教育改革——日本との比較』（Mike Howarth, *Britain's Educational Reform: A Comparison with Japan.* London: Routledge, 1991）などのように、日本の教育を念頭においた調査報告や研究書の出版が相次いだ。

なかでも、諸外国が一様に強い関心を示しているのが、日本の数学教育である。数学の国際学力テストの度ごとに、日本の生徒はきまって欧米諸国をはるかに凌ぐ高い成績をあげる。

たとえば、1964年に国際教育到達度評価学会（IEA）が、ユネスコの支援のもとに、世界で

［表1－1］IEA 国際数学学力テスト（13 歳生徒　1964 年）

項目＼国名	オーストラリア	ベルギー	イギリス（イングランド）	フィンランド	フランス	日本	オランダ	イギリス（スコットランド）	スウェーデン	アメリカ	平均
平均点（70点満点）	20.2	27.7	19.3	15.4	18.3	31.2	23.9	19.1	15.7	16.2	19.8
標準偏差	14.0	15.0	17.0	9.9	12.4	16.9	15.9	14.6	10.8	13.3	14.9
数学週時間数	5.1	4.6	4.0	3.0	4.4	4.5	4.0	4.6	3.8	4.6	
学級規模（人）	36	24	30	36	29	41	25	30	26	29	
生徒1人当たりの公教育費（$）	240	288	348	130	—	81	191	361	483	545	

最初の大規模な国際数学教育到達度調査を行った。世界12か国13万2775人の生徒を被験者としたこの調査に、わが国からも国立教育研究所が代表機関となって、1万257人の生徒が参加した。その結果は、IEA報告書として1967年に発表された。[1]

世界のマスコミは、この報告書のなかでも、国別の数学学力を示す指標として、特に13歳生徒（中学2年生）の学力テストの得点［表1―1］[2]に注目して、それを大きくとり上げた。なかでも、参加国中ひときわ高い得点をあげたわが国が、「数学学力世界一」として派手に喧伝された。

単に得点の単純な比較だけでなく、そ

の背景をなす教育条件として無視出来ない学級規模や公教育費などのデータを考え合わせてみても、13歳生徒については、たしかに日本は参加国中最少の教育費と最大の学級規模という、いわば最劣悪の教育条件のもとで、見事に最高の得点をあげたことになる。世界が仰天したのも無理はない。

それに比べると、欧米諸国はいずれも不成績という他はない。特にアメリカは日本とは好対照で、国家防衛教育法などに支えられて最も豊かな教育費に恵まれながら、得点はわが国のほぼ半分にすぎず、順位も最下位に近い。この成績は、科学超大国を自認する当時のアメリカにとっては、その10年前のスプートニク・ショックに次ぐ深刻な衝撃であったといわれる。雑誌『タイム』（１９６７年３月17日）も、

教育はクラスが小さいほど効果が上がるというアメリカ流の教育的信念を、このテストは、根底から揺るがすものであった。（The tests undermined the conviction of American education that better teaching lies in smaller classes.）

と述べて、そのろうばいぶりを伝えている。

●日本の高得点をめぐる諸説

このような13歳生徒の国別の得点結果は、はたして何を物語るのであろうか。日本が異常とも思える高い成績を収め、他方、先進欧米諸国、特にオーストラリア、イギリス、アメリカなどの英語国が、そろって低い得点しかあげることが出来なかったのはなぜか。

ＩＥＡ報告書は、その要因と考えられるものとして、各国の社会的背景、教育環境、学校制度、カリキュラム、教員構成などの諸条件を挙げて分析を試みた。また日本人生徒については、わが国立教育研究所の報告書『国際数学教育調査』（１９６７年）は、生徒の学習意欲と家庭環境を、成績に影響を及ぼす最大の因子であるとみている。

その後も海外では、日本の「高い学力」の秘密を様々な角度から探ろうとする動きが目立つ。来日したＩＥＡのトールステン・フセーン（Torsten Husén）名誉会長は、日本の数学教師の質の高さを指摘した（『毎日新聞』１９８３年9月10日夕刊）。アメリカの『サイコロジー・トゥデイ』誌（１９８３年9月）は、日本の母親を「世界最高の教育ママ」（'the best 'Jewish Mother' in the world'）と評して、この母親の強い教育的熱意が日本人の高い数学学力を生む原動力であるとみている。イギリスの『ネイチャー』誌（１９８２年5月20日）は、日本人とアメリカ人の比較調査の結果をもとに、日本人の知能指数（ＩＱ）の高さを挙げている。日本人１１００人とアメリカ人２２００人を調査した結果、ＩＱの差は明瞭で、日本人の77％が平均的アメリカ人よりもＩＱは高いという。

もっとも、特にアメリカ人の名誉に関わるこの『ネイチャー』誌の記事に対しては、直ちにアメリカの『ニューヨーク・タイムズ』紙（1982年5月25日）が社説で「日本とアメリカのIQ」と題してこの問題をとり上げ、「2つの異なる文化をもつ国民相互のIQの比較は意味をもたない」と述べて、アメリカ人の側を擁護している。しかし、今や海外では、欧米先進諸国をはるかに凌ぐ高い数学得点をあげる日本人生徒を、「コンピュータのような頭脳をもった超人たち」（'computer-brained superhumans'）（『タイム』誌1990年6月4日）などと呼ぶことさえもめずらしくない。

このような海外の声に力を得て、日本国内でも日本人の優秀さを強調したり、教育荒廃どころか、逆に日本の教育の現状を大成功とみる論説さえも目立ちはじめた。たとえば、文部省自身が『我が国の初等中等教育』（1985年1月）で、国際的にみた日本人の数学学力の高さを自賛しているし、三浦朱門の「大成功の日本の教育」（『中央公論』1982年4月）や木田宏の「日本の教育の特質」（『季刊・海外日系人』第23号、1988年10月）などは、いずれもIEA数学学力テストの結果を挙げて、日本の教育のすばらしさを強調している。

ところが、IEA国際数学教育到達度調査では、13歳生徒の成績に目を奪われてほとんど報道されることがなかったが、実はこの時、同時に17歳生徒（高校3年生）の数学学力テストについても調査が行われている［表1―2］。

これまた意外に思えるかもしれないが、この17歳段階では、日本はイスラエルに首位を奪われて、

［表1－2］IEA国際数学学力テスト（理科系17歳生徒　1964年）

項目＼国名	オーストラリア	ベルギー	イギリス(イングランド)	フィンランド	フランス	西ドイツ	イスラエル	日本	オランダ	イギリス(スコットランド)	スウェーデン	アメリカ	平均
平均点(69点満点)	21.6	34.6	35.2	25.3	33.4	28.8	36.4	31.4	31.9	25.5	27.3	13.8	26.1
標準偏差	10.5	12.6	12.6	9.6	10.8	9.8	8.6	14.4	8.1	10.4	11.9	12.6	13.8
数学週時間数	6.9	7.4	4.4	4.0	8.9	4.2	5.0	5.4	5.1	6.2	4.6	5.5	5.5
学級規模(人)	22	19	12	23	26	14	20	41	19	21	21	21	
同一年齢層に占める比率（%）	14	4	5	7	5	5	—	8	5	5	16	18	

［表1－3］IEA国際数学学力テスト（各国の共通テストに対する標準化成績　基準は文科系17歳生徒　1964年）

項目＼国名	オーストラリア	ベルギー	イギリス(イングランド)	フィンランド	フランス	日本	オランダ	イギリス(スコットランド)	スウェーデン	アメリカ	平均
13歳生徒の得点	−1.52	−1.22	−1.47	−1.33	−1.53	−0.90	−1.33	−1.53	−1.64	−1.69	−1.49
理科系17歳生徒の得点	0.86	1.66	1.61	1.28	1.63	1.55	1.53	1.18	1.18	0.14	1.11
得点の伸び率	2.38	2.88	3.08	2.61	3.16	2.45	2.86	2.71	2.82	1.83	2.60

得点は12か国中6位にまで後退してしまっている。日本の理科系17歳生徒の同一年齢層に占める比率が、上位5か国に比べていくぶん高いことを考慮に入れても、13歳生徒の成績からは予想もしない結果である。

さらに、［表1―3］にみられる13歳から17歳までの得点の伸び率については、実に10か国中8位にまで落ち込み、他の多くの国々に比べて、高学年になるにつれて進歩の度合いが著しく鈍化していることを明瞭に示している。

中学2年生では、他国を全く寄せつけない世界最高の得点をあげた日本人生徒が、高校3年生になると、なぜこれほどまでに急変するのか。その間に、いったい何が起きているのか。こんな疑問に対して、IEA報告書もわが国立教育研究所の報告書も、何ら満足な解答をあたえることは出来なかった。フセーンの数学教師説も、『サイコロジー・トゥデイ』誌の教育ママ説も、『ネイチャー』誌の知能指数説も、この点ではとうてい説得的であるとはいえない。

●文化型としての数学学習

この問題の解明をはばんでいるものは何か。それはおそらく、数や数式を個別言語に依存しない超民族的な普遍性をもった万国共通語と考えて疑わないわれわれの姿勢そのものにあるのではないか。言い換えれば、数学の学習自体も、すぐれて文化型の問題であるという事実を見落としてしまった、いわばわれわれの素朴な「数学信仰」にあると考えるべきではないか。実は、ＩＥＡ国際数学教育到達度調査の数学学力テストの結果も、単に狭い意味での数学学習の成果とみるよりも、むしろ、もっと根の深い、いわば学習者自身の個別言語・文化に関わる問題としてとらえ直す必要がありそうに思われる。

たとえば、テスト初級問題に出題された2×3という簡単な数式ひとつをとってみても、これは疑いもなく全被験者に対して完全に同じ意味をもつことを自明の前提として出題されている。しかし、実際には、日本人と欧米人では、この数式の意味するところは決して同じでない。むしろ、その意味はまったく正反対である。それぞれの言語の構造によって、乗数と被乗数の位置が逆転するのである。しかし、まことに驚くべきことに、ＩＥＡの出題者はこの事実に全く気づいていないようである。

数式2×3は、日本語ではいうまでもなく「2の3倍」、すなわち2＋2＋2を意味し、$\begin{array}{r} 2 \\ \times 3 \\ \hline \end{array}$と表す。日本の小学校の算数教科書には、例外なく、このように書かれていて、教室ではこのように教えられる。

しかし、たとえば英語では、数式2×3は「2の3倍」を意味しない。この数式はtwo times threeと読み、「2倍の3」を意味する。すなわち3＋3と解され、$\begin{array}{r} 3 \\ \times 2 \\ \hline \end{array}$と書き表すのが一般である。英語国の算数の教科書を開いてみれば、どんな出版社のものであれ、必ず次のような記述が見られる。

2 threes are 6. We write: 2 × 3 = 6. We say: Two times three is 6.
2 × 3 means 3 + 3, and 3 × 2 means 2 + 2 + 2.

ところが、わが国では、近代数学の同じ数式が、欧米と日本では意味が正反対になるなどと言い出そうものなら、おそらく多くの人々の失笑を買いかねない。こんな話が本気でそのまま信じられるとは、とても考えられない。

それは、こころみに、わが国の辞典・事典類が「乗数」をどのように定義しているかを調べてみるとよくわかる。国語辞典はもちろんのこと、数学の専門事典でさえも、「乗数」は、先ず例外なく「掛け算の掛ける方の数。A×BのB」といい切っている。われわれは「乗数」とはBであって、それ以外のものではあり得ないと固く信じて疑わない。そして、実はBは「乗数」ではなく、逆にAが「乗数」であると考える文化圏が、この世界には立派に存在するという事実が、わが国では完全に見落とされてしまっている。われわれは、すでに1世紀をはるかに超える長い英語学習の歴史をもちながら、われわれの英語理解は、実はこの程度にとどまっている。これでは、われわれが数式2×3を、そのまま普遍的な万国共通語であるかのように誤解するのも無理はない。

同じ数式について、日本語と英語の間にこのような意味の違いが生ずるのは、明らかにそれぞれの自然言語に固有の構造が、普遍的であるはずの数式を個別的に拘束した結果に他ならない。日本語では、「2の3倍」とは言えても、「2倍の3」という言い方を許さない。このようにみると、IEA国際数学学力テストの結果をより正確に理解するためには、単なる数学教育の問題としてよりも、むしろその背後にある被験者の個別言語・文化に関わるより広い問題として、あらためて考え直してみる必要があることが理解されよう。

このような観点から、IEA国際数学学力テストの日本人の成績に影響を及ぼしたと思われる要因を、主として英語国民のそれと対比しながら考えてみよう。

●簡明な数詞と完全な10進法

数は言語を超越した普遍的な概念とされているが、実は世界で最も簡明な数詞と、最も完全な10進法の数詞組織をもつのは、中国語と、それをとり入れた日本語などいくつかの漢字文化圏の言語である。(3) これが、日本人や他の漢字文化圏の人々の数観念の率直な発展と、数の容易な取り扱いに果たした役割ははかり知れない。

これに比べると、ヨーロッパ語の数詞の体系は、単純性と合理性に欠ける点で、はるかに不完全で不便であるといわざるを得ない。ヨーロッパのとくに西部や北西部の諸言語にみられる10進法、12進法、20進法の混数法はそのひとつである。

たとえば91を、フランス語では4×20＋11（quatre-vingt-onze）、デンマーク語に至っては1＋4½×20（en og halvfemsindstyve）と表すが、世界にはこんな複雑な数詞をもつ国が実際に存在することが、はたして日本人には信じられるであろうか。これらの数詞が、本国人にとってさえいかに煩わしいものであるかは、戦後の一時期フランスで、80（quatre-vingts: 4×20）、90（quatre-vingt-dix: 4×20＋10）をそれぞれ簡明な数詞 octante（8×10）、nonante（9×10）に改めようとする運動が起こった一事からも明らかである。

日本の小学生なら、2年生段階で簡単に出来る91－15程度の引き算に、フランスやデンマークの小学生がひどく難渋するのは、このような複雑な数詞をもっているためである。2年生段階では未習の掛け算や、さらには20進法、その上分数まで出てくれば、日本人児童といえども手には負えないはずである。

英語にも40を two score、人生70年を three score and ten などと表現する20進法の習慣はいまだに失われていない。また、ダース、グロス、インチ、フィートなど12進法の名残も根強く、イギリスやアメリカでは、九九表も9×9まででは追いつかず、12×12まで、あるいはそれ以上を必要とするほどである。

こんな混数法が、10進法を基本とする現代数学との間に不適合を起こさないはずがない。イギリスでは、長年使ってきた1ペニー×12＝1シリング、1シリング×20＝1ポンドという混数法の複雑な通貨単位を、ついに1971年に10進法を採用して、1ペニー×100＝1ポンドに改めた。アメリカでも、近年になってやっとメートル法採用の動きが出てきた。これらは、いずれも従来の混数法の不合理と不利とを悟ったために他ならない。

しかし、ヨーロッパの数詞のうちでは最も出来がよいといわれる英語でさえも、その最大の泣きどころは11～19の数詞の複雑さである。11、12は、日本語では、10進法に基づく算用数字の記数法そのままに、整然と「ジュウ・イチ」(10＋1)、「ジュウ・ニ」(10＋2)と表す。それに対して、英語では ten-one、ten-two とはならず、eleven、twelve という特別の形をとらなければならない。もっとも、eleven、twelve も、原義はそれぞれ「10」について「1余り」(one left behind)、「2余り」(two left behind) を意味したが、現代人には、一般にこの理解はない。

そのために、英語国の児童には、日本の児童とは違って、「10」を位取り (place-value) を表す特別の数とみる意識は乏しい[4]。「10」は単に「9の次の数」であり、「11の手前の数」であるにすぎず、それ以上の意味をもちにくい。したがって、イギリスやアメリカの小学校では、初歩の算数クラスは、特別の数である「10」の数観念を植え付けることに終始しているといってもよいほどである。延々と「10進位取りのドリル」('make ten' drills) を繰り返す光景は、日本人にはまことに滑稽にさえみえる。英語国の児童にとっては、なぜ twenty は10が2つなのかを理解させることは、日本語では想像も出来ないほどの難作業なのである。

さらに19までの数も、たとえば16（sixteen）を10＋6とは表さず、ドイツ語流の6＋10の形をとり、しかも60（sixty）とまぎらわしい。特に10代の数の理解について、英語国の幼い児童が日本の児童には考えられないつまずき方をしやすいといわれるのも、実はこんな数詞のなせるわざなのである。

数は本来、度量衡よりもさらに一段と抽象度の高いものであって、それだけに思考の基本を規定する力が強い。したがって、簡明な数詞と徹底した10進法をとる日本語と比較した場合、数の単位観念の明確度という点からみれば、英語の数詞とその体系が、とりわけ初等段階の数学学習者にあたえる心理的障害は、決して過小に評価することは出来ない。演算についていては、これが、特に加算・減算の習熟に及ぼす影響は無視することが出来ない。

●多様に読める数詞

さらに、日本人と英語国民の数学学習にあたって、それぞれの母語の性格が大きな影響をもつと考えられるものに、乗法九九の学習法がある。九九は、いうまでもなく同数の累加を一度に行う計算であって、この学習が数学の正確で迅速な運用能力を身につけるための基礎になるものである。

ここで見落としてならないことは、英語にはone、two、three…という一種類の基数詞しかないのに対して、日本語には、イチ、ニ、サン……という漢語系統のものに加えて、ヒトツ、フタツ、ミッツ……、さらにはその変形としてのヒイ、フウ、ミイ……という和語系統の基数詞があるということである。しかも、それらが自由に転訛したり、短縮されたりして、ヨーロッパ語には例をみないほど多様な数詞を形作ることが出来る。

さらに、日本語は単純な音節構造のために豊富な同音異義語をもつことで知られるが、その日本語の特質とあいまって、それらの数詞は有意味な一種のゴロ合わせによる読み方すら可能である。

日本では電話番号にまで意味をもたせて、

878―4187　花はよい花（花屋）
268―1059　風呂は天国（銭湯）
181―8604　一杯やろうよ（バー）
648―2108　虫歯に入れ歯（歯科医）

などと読むことさえ可能である。

歴史の年号も、

710　なんと（710）立派な平城京
794　鳴くよ（794）うぐいす平安京
1192　いい国（1192）つくろう鎌倉幕府
1549　以後よく（1549）広まるキリスト教

などと覚え込む。国家予算のような膨大な数字でさえ、同様の方法でいとも簡単に読みくだしてしまう。このような芸当は、ヨーロッパ語ではとても想像も出来ないことである。日本語のこの特徴は、実際に数学の学習にもとり入れられている。たとえば、

$\sqrt{2}$ ＝ 1.41421356…　ひと夜ひと夜に人見ごろ……
$\sqrt{3}$ ＝ 1.7320508…　人並みにおごれや……
π ＝ 3.14159265…　産医師異国に向こう……

などと、小数点以下7、8ケタまでも苦もなく記憶出来るのは、まさに日本人生徒の独壇場であって、欧米人がしばしば驚異の目を見張るところである。(5) 英語国では、たとえば円周率はかろうじて、

Now, I, even I, would celebrate
3 1 4 1 5 9
In rhymes inapt, the great
2 6 5 3 5
Immortal Syracusan, rivaled nevermore ...
8 9 7 9

などという詩を作り、用いられた各単語の文字数が3・1415……となるように工夫するのが関の山である。しかし、これさえも、詩を覚えること自体が容易でない上に、うっかり綴りを間違えば、数値は途方もなく狂ってしまう危険性がある。とうてい日本語の比ではない。

●記憶しやすい乗法九九

日本語の乗法九九は、決してゴロ合わせではないが、これまで述べたような数詞をはじめ日本語の特徴を巧みに生かして、英語の九九とは比較にならないほど簡潔で、唱えやすく、記憶しやすい形式を整えている。わが国最初の完全な九九表は、すでに970年の『口遊《くちずさみ》』の中にみえるが、題名が示すとおり、日本語の九九は、当初から目で見るものというよりも口で唱え、そらんじるためのもののであった。

たとえば3×3＝9は、日本語では「三かける三は九」、英語ではThree times three is (are) nine.と読む。しかし、九九表の場合には、英語では一般にそのための特別の省略・簡略化を行わず、そのままの文章式を暗記するのに対して、日本語では必ず「三三（さざん）が九」という特殊な形を用いる。まず、数詞は記憶に便利な形に転訛・簡略化されたものを使う。文章としても「かける」は省略され、さらに積が10以上になると助詞「が」も脱落する。その結果、日本語の九九は、日本人の心に訴えるといわれる例の四拍子のリズムを帯びて、子守唄のように覚えこまれる。このような口誦の容易さは、ヨーロッパ語では考えられもしないことで、中国語およびその影響をうけた朝鮮語や日本語の九九の大きな特色である。

さらにその九九も、10進法の徹底した日本では、当然、1×1から9×9まででこと足りる。ところが、英語国ではこのようにはいかない。アメリカのカリフォルニア大学ロサンゼルス校（UCLA）とフロリダ州のエカード大学で、英語を母語とするアメリカ生まれのアメリカ人大学生・大学院生732人に対して行った筆者の調査によれば、彼らの94％が日本とは違って、何らの簡略化もほどこさない長い英語の文章式の九九をそのまま覚えさせられている。

その上、1×1にはじまり、9×9に終わる九九を習ったものは全体のわずか21％にすぎない。55％の学生が12×12まで、3％が13×13まで、さらに3％が15×15まで、そして18％が25×25までという気の遠くなるような九九を教わっている。10進法、12進法、20進法の混数法をとる文化圏の特徴である。イギリスやカナダにおいても事情は大差がない。

わが国では、乗法九九は小学校2年生の後半のわずか1〜2か月、文部科学省の学習指導要領によれば約20時間で教わり、ほとんどすべての子どもが反射的に口をついて出るまでに習熟する。ところが、アメリカやイギリスやカナダの小学校では、一般にこれを2〜3年生、もしくは3〜4年生の2年間をかけて学習し、なお完全に記憶出来ない児童が多いのが実情である。たとえば、アメリカのカリフォルニア州とニューヨーク州の平均的と思われる小学校計5校から筆者が得た報告では、それぞれの小学校卒業時に、九九を身につけている児童の割合は40〜50%というほぼ一致した結果が出ている。このあたりが、アメリカの13歳生徒を考える場合の一応の目安とみることが出来そうである。

また、先の筆者の調査でも、アメリカの大学生・大学院生の実に38%が九九をほとんど、もしくは不完全にしか覚えていないと答えている。これらの数字は、われわれ日本人からすれば、たしかに容易には信じ難いものかもしれない。しかし他方、日本人の１００%近くが自由に九九をあやつることが出来るという事実は、アメリカ人の側からみると、それ以上に信じ難い話であることも、また同時に忘れてはならない。

一般に、アメリカ人にとっては、乗法九九表はあたまから記憶するというよりも、他の数表と同様に、必要に応じて参照するという意識が強い。今日のように広く電卓が普及する以前には、家庭で使われていた出納簿にも、その見返しには、成人の利用者のためにわざわざ九九の表が印刷されていることが多かった。また、彼らは、手許に九九表のないとっさの場合には、加算の繰り返しを筆算で行うことが多い。これは、欧米諸国では多かれ少なかれ共通した現象であるが、表意文字の伝統をもつ、いわば視覚的文化の日本で、古来、九九が聴覚的であり、片や表音文字をもつ、いわば聴覚的文化の欧米で、九九が「ピタゴラスの表」として、逆に視覚的傾向をもつのは興味深いことといわねばならない。

もちろん、数学などの演算型の教科に習熟するためには、単に「記憶」に頼るだけでなく、これを「理解」することが重要なことはいうまでもない。しかし他方、基本となる計算の結果を記憶して、それを複雑な演算に応用することが不可欠なのは、乗法・除法が、加法・減法とは明確に異なる点でもある。この九九の成否が、とくに乗算・除算の習熟に及ぼす影響は少なかろうはずがない。

●個別言語と四則計算

以上のように考えてくると、数学学習の基礎的段階、特に有理数の四則計算に及ぼす個別言語の影響の意外な大きさに気づかざるを得ない。日本人の子どもたちが欧米の小学校へ転校すると、ほとんどの場合、算数だけはクラスの最上位の成績を収める。あるいは、アメリカやイギリスの成人の暗算能力が日本の中学生にも劣ると報告されたりする。

会田雄次は『アーロン収容所』で、敗戦直後のビルマでの捕虜生活の体験を書いている。その中で、チーズ１０００個の伝票を持ってきたイギリス兵に、48個入り木箱を20箱（48×20＝９６０）と、あと40個をばらで渡すと、「ここには48あるのに、こっちには40しかないのはなぜだ」と、彼らにはばらの40個の意味が理解出来ない。その計算に20分もかかるイギリス兵もいたという。[6] こんな英米人の成人は、今日でもなお、決してめずらしいことではない。

しかし、これも単に日本人の数学的能力の問題や、数学を白眼視したジョン・デューイ（John Dewey）の教育学に多くを負うアメリカ教育制度の問題や、あるいは中等・高等教育への進学率が低かった当時のイギリスの教育制度の問題としてよりも、むしろ基本的には、それぞれの母語がもつ言語的性格の問題として、より深く考え直す必要がありそうである。

それを、一層はっきりと裏付けるデータがある。たとえば、日本の小学生であっても、幼い頃からアメリカに住んで、暗算にもっぱら英語を使う子どもたちの場合には、やや事情が違ってくる。カリフォルニアのそんな子どもたちについて行った筆者の調査によれば、彼らは暗算に日本語を使う子どもたちに比べて、四則計算の正確さと迅速さに関するかぎり、たしかに不利な結果が認められる。九九のあやふやな子どもも目につく。英語を母語とするカリフォルニアの日系米人の場合にも、ほぼ類似の傾向が観察される。

ところが、アメリカ人やカナダ人の小学生でも、日本に住んで、暗算にもっぱら日本語を使う子どもたちの場合は、日本人に比べて少しも遜色はない。京都在住のそんなアメリカ人とカナダ人の子どもたちに対する筆者の調査によると、彼らは暗算に英語を使う子どもたちに比べて、四則計算の正確さと迅速さについては、明らかに有利な結果が認められる。

これはいうまでもなく、個別言語に依存しない超民族的な普遍性をもつと思われている数学の学習にも、実は、学習者の個別言語が決して無関係ではあり得ないことを明瞭に示すものである。知的能力が何よりも大きく関わりをもつと考えられている数学の学習でさえも、それを国や言語や文化レベルで比較してみると、より大きく学習者自身の個別言語が関わりをもっていることがわかる。

こう考えてくると、IEA国際数学学力テストにおいて、[表1―1]の日本の13歳生徒が異常なまでに高い得点をあげたことも合点がいこう。簡明な数詞、完全な10進法の数詞組織、それに記憶に便利な九九をもつ日本人生徒が、加・減・乗・除の四則計算に圧倒的な強みをもつことは、彼らが問題別にみても、基礎的算数と上級算数という算数技法的な問題にずば抜けて高い得点をあげたことによく表れている。

また、このような文化型としての日本人の「数学強さ」は、当然、わが国の学校数学教育が整備される以前からのものである。明治期に来日した外国人が、そんな日本人について書き残した記録は少なくない。たとえば、すでに明治16年に、大阪で開かれた在日外国人宣教師会議で、日本人の九九の記憶力と数学学力の高さに驚いた立教女学校のアメリカ人宣教師は、わざわざ「日本人は記憶力がよく、数学の学力が高い」（They［the Japanese］have a good memory and are good mathematicians.）と報告して、当時の世界の他の後進地域との違いに注目している。[7]

このようにみると、国際数学学力テストで日本が高得点をあげたことをもって、直ちに日本の中学生の数学能力や数学教師の指導能力の高さの結果と即断することには、もう少し慎重でなければならないであろう。それは、アメリカが国際的に低い得点しかあげられなかったことをもって、直ちにアメリカの中学生の数学能力や数学教師の指導能力の低さの結果とは必ずしもいえないのと同断である。

●漢字文化圏の強み

なお、これまでみてきたことから、先のIEA国際数学学力テストに、もしも日本と類似の文化的条件をもつ中国や韓国が参加したとすれば、それぞれの国の数学教育の現状は一先ず切り離しても、かなりの高い得点をあげたであろうことは、決して想像に難くない。現に、アメリカの『サイコロジー・トゥデイ』誌（1983年9月）や『サイエンス』誌（1986年2月14日）は、それぞれ日本、台湾、アメリカ3か国・地域の小学生について行った数学学力調査の結果を報告しているが、それによれば、そのいずれの調査でも、台湾の子どもたちの成績は日本と十分に拮抗していて、アメリカよりもはるかに高い成績を収めている。[8]

そしてこのことは、その後行われたIEAの4回（1981年、1995年、1999年、200

［表１－４］IEA国際数学学力テスト上位国・地域別学級規模と得点　中学２年生

第１回　1964年　10か国			第２回　1981年　20か国			第３回　1995年　41か国			第４回　1999年　38か国			第５回　2003年　45か国		
国・地域	学級規模	得点	国・地域	学級規模	得点	国・地域	学級規模	得点	国・地域	学級規模	得点	国・地域	学級規模	得点
①日本	41人	31.2点	①日本	39人	62.3%	①シンガポール	33人	643点	①シンガポール	37人	604点	①シンガポール	—	605点
②ベルギー	24	27.7	②オランダ	24	57.4	②韓国	56	607	②韓国	51	587	②韓国	—	589
③オランダ	28	23.9	③ハンガリー	26	56.3	③日本	36	605	③台湾	—	585	③香港	—	586
④オーストラリア	37	20.2	④フランス	24	52.6	④香港	39	588	④香港	41	582	④台湾	—	585
⑤イングランド	29	19.3	⑤ベルギー	20	52.4	⑤ベルギー	20	565	⑤日本	36	579	⑤日本	—	570
⑥スコットランド	29	19.1	⑥カナダ	27	51.8				⑥ベルギー	20	558	⑥ベルギー	—	537
⑦フランス	28	18.3	⑦スコットランド	28	50.8	⑨フランス	25	538	⑦オランダ	25	540	⑦オランダ	—	536
⑧アメリカ	28	16.2				⑬カナダ	27	527						
⑨スウェーデン	26	15.7	⑪イングランド	25	47.4	⑯イングランド	26	506	⑬オーストラリア	27	525	⑭オーストラリア	—	505
⑩フィンランド	28	15.4	⑫フィンランド	22	46.9	⑱アメリカ	27	500	⑭フィンランド	—	520	⑮アメリカ	—	504
			⑭アメリカ	26	45.5	㉑アイスランド	20	487	⑲アメリカ	26	502	⑰スウェーデン	—	499
			⑰スウェーデン	20	41.6				⑳イングランド	—	496	⑱スコットランド	—	498
平均		19.8点	平均		47.5%	平均		513点	平均		487点	平均		467点

（作成：大谷泰照）

3年）にわたる同様の国際数学学力テストにおいて、はっきりと証明された［表1—4］。20か国（1981年）から45か国・地域（2003年）が参加したこれらのテストにおいて、他の国々を大きく引き離して高い得点を独占したのは、常に例外なく日本、韓国、香港、台湾、それに人口の77％を中国系が占めるシンガポールのいわゆる漢字文化圏に属する5か国・地域であった。なお、1964年と1981年は、その5か国・地域中日本のみ、1995年は台湾を除く4か国・地域のみの参加であった。

わが国では、20世紀末に英語の第2公用語化論が出た頃から、特に日本人の英語に対する傾倒ぶりは過熱し、そんな時代に乗り遅れまいとするかのように、日本語を使わないで英語だけで教える小学校や中学校が各地に現れはじめた。全科目を英語で教えることは困難としても、特に「万国共通語」の数や数式を扱う数学だけは英語で教えることを奨励する動きが目立つようになった。一般の学校でも、「算数を英語でやることで、英語も覚えられて一石二鳥」と、数学だけは英語の教科書を使って、英語で教えるところも出てきた。

しかし、これまでみてきたように、日本人の「数学学力世界一」は、日本人が本来もつ数学的能力の高さというよりも、多分に日本語そのものの力に負うところが大きい。この事実に気づくならば、その日本語を惜しげもなく捨てて、代わりに、とりわけ初等数学の指導に不便と考えられる英語をあえて使って数学を教えようとすることが、いかに無自覚な試みであるかを、われわれは冷静に考えてみる必要がある。

かつて明治の文明開化の時代にも、われわれは国の近代化を急ぐあまり、性急な西洋文物の模倣や廃仏毀釈の蛮行に走り、今日では欧米の美術館の所蔵に帰したおびただしい日本の貴重な文化財を、その価値もわきまえずに、二束三文で手放してしまった苦い経験をもっている。

明治16年、そんな当時の情況を目の当たりにして、大森貝塚の発見者として知られるエドワード・S・モース（Edward S. Morse）は、「日本人は自分たちの美しい宝が、日本人たちの国を去って行くことがいかに悲しいことであるかに気づいていない[9]」と憂えた。当時の日本人が、自分たちの「美しい宝」の価値に気づいていれば、日本の国宝の点数は、優に現在の3倍にはなっていたとみる見方さえある。

●数式と日本語

これまで述べてきた日本語の数詞や10進法、さらには乗法九九は、英語と比較した場合に、数計算において日本が格段に有利であると考えられる条件であった。しかし、これとは反対に、日本語が英語に比べて不利な立場に立たされる場合がある。数学記号を使った数式がそれである。

日本では、数式は一般に、交通標識などの場合と同様に、口に出して読むためのものではなく、単に見たり書いたりするものと考えられるほど、われわれには読みづらいものが多い。たとえ読めても、数式とその日本語の読み方とは、まったく別物という印象すらあたえる。しかし、英語ではこれがそのまま立派に読めることを忘れてはならない。

簡単な例として、1＋2＝3を考えてみよう。英語では、One and two are (is) three. と式の順序に従って自然な英語で読み下すことが出来る。日本語の場合には、一般にこれを「一たす二は三」と読ませている。しかし、このような読み方が、自然な日本語でないことはいうまでもない。日本語本来の読み方からすれば、動詞が後置されて、「一に二をたすと三になる」でなければならない。すなわち、日本語に忠実な数式を示せば、1、2＋3＝である。「一たす二は三」は、日本語の語順を破って、数式に合わせるためにあとから無理矢理にこじつけた、いわば一種の「あてレコ」にすぎないのである。

以下の数・数式を、英語と日本語で読み比べてみると、それはいっそうはっきりする。

$2/3$

two over three　*or*　two-thirds

三分の二

$a-b\div c\geqq d$

a minus b divided by c is greater than or equal to d.

aから、bをcで割ったものを引くと、dより大きいか等しい

$\int_a^b f(x)dx$

integral from a to b of f of x

$f(x)$をaからbまで積分する

これらを日本語で読もうとすれば、漢文の場合と同様に、返り点をうって逆戻りしなければ読めないことが理解出来よう。しかし、それは当然のことであって、本来、数式はたまたま15世紀から18世紀にかけて、ヨーロッパにおいて、ヨーロッパの言語を象って作り出されたという歴史的偶然を反映したものであるにすぎない。いかなる自然言語に対しても等距離・中立であるはずの数式は、実は、このようなまことに恣意的な産物にすぎないのである。

ヨーロッパ語の構造に準じた数式が、演算される量の間に演算記号を置いた形1＋2＝3であるとすれば、日本語に準じた数式は、1、2＋3＝のように演算記号を後置したものでなければならない。現に1951年に、ポーランドの数学者J・ウカセヴィチ（J. Łukasiewics）はこのような数式を提唱して、それは彼にちなんで逆ポーランド記法と呼ばれている。この記法は、単に日本語の構造

に合致するというだけでなく、一切のかっこを用いずに計算の方法を明示出来るという利点をもったため、コンピュータでは実際にこの数式が利用されているほどである。

したがって、

$$\sum_{i=1}^{m} ai \sum_{j=1}^{ni} xij$$

のような記法も、逆ポーランド記法にならって、

$$ijx \sum_{j=1}^{in} ia \sum_{i=1}^{m}$$

のように逆転させてみると、はじめて「第 i-j-x i-n 個の和に第 i-a を掛けたものを m 個足せ」と、日本語でまったく自然に読み下すことが出来る。[10]

要するに、現行の数式は、ヨーロッパ語にとっては自然言語の延長であるにすぎないのに対して、日本語からみれば、生活言語とは全く異質の構造をもつものといわなければならない。そして、日本人児童・生徒にとっては、この数式と日本語との間の齟齬は、数式が複雑化するにつれて顕在化し、

以後、その矛盾は次第に拡大して、数学への不適合の大きな原因となっていることは否めない。

それは、IEA国際数学学力テスト理科系17歳生徒の部について日本の成績を問題別にみると、解析幾何、解析、代数、論理、微分、積分の順に低くなり、特に微分、積分では、国際的にも最下位に近い得点しかあげられなかったことにも、はっきりと裏書きされている。13歳生徒の成績［表1―1］からは想像も出来ないことである。この数式の複雑化は、日本人の多くの生徒の数学アレルギーが急速に増大する13～15歳の時期とほぼ符合していて、彼らの算数（初等数学）と数学の学力の間に、欧米人にはみられない大きなギャップを生じる結果になっている。先にあげた［表1―2］（17歳生徒）および［表1―3］（標準化成績）は、このような事情を端的に示したものとみることが出来る。

当然、この結果をもって、日本の高校生の数学能力が中学生の数学能力に劣るためと考えることは出来ないし、日本の高校数学教師の指導能力が中学校数学教師の指導能力に比べて、格段に劣るためと考えることも出来ないはずである。

●「日本人の知識水準」

以上のように考えてくると、IEA国際数学学力テストにおける日本のいわゆる「数学学力世界一」の得点も、それがそのまま一般に信じられているほど、日本人の数学的能力の高さを示す指標とはいいにくいことが理解されよう。

1986年1月、学校教育のレベルの低下に悩むアメリカ教育省は、『どうすれば効果があがるか――教育と学習に関する研究』（*What Works: Research about Teaching and Learning*）と題する65ページの異例の全国民向けパンフレットを作った。その中で、明らかに日本を強く意識して、日本が最高点をあげ、片やアメリカは最下位に近い得点しかあげられなかったIEA国際数学学力テストの「屈辱的な」結果を、全国民にわかりやすく棒グラフを用いて示している。その上、特にレーガン大統領が、教育長官に代わって自らその序文の筆をとり、強い危機感をもってアメリカ国民の奮起をうながした。

わが中曽根康弘首相が「アメリカには黒人、プエルトリコ人、メキシコ人が相当多くて、知識水準は日本より非常に低い」と述べた例の「アメリカ人の知識水準」発言がとび出すのは、それから半年後のことである。IEA国際数学学力テストに「世界最高」の得点をあげた日本国の首相の目には、「世界最低」に近い得点しかあげられなかったアメリカ人は、「知識水準」の低い哀れむべき国民と映ったようである。しかし、国際的に大きな波紋を投げたこの日本国首相の歴史的誇言は、実はアメリカ人の「知識水準」そのものよりも、むしろ数学学習に及ぼす個別言語の役割の大きさに思い至らず、いかにも尊大に振舞う日本人自身の「知識水準」、言い換えれば日本人の異文化理解のありようを、見事に顕したものというべきかもしれない。

それにつけても、異文化間のよりよい相互理解は、一国内的な調査だけでなく、広く国際的な対比研究をまってはじめて得られるものであるだけに、IEA国際数学教育到達度調査のような大規模な国際的調査が、言語の果たす重大な役割に最後まで気づかず、単に表層的な教育条件の分析に終始したことは惜しまれる。もちろん、この調査に表れた各国の教育到達度には、それぞれの社会的背景、教育環境、学校制度、カリキュラム、教員構成、学習者の学習意欲など、もろもろの要因が複合的に働いていることは言うまでもない。しかしながら、さらにその底には、個別の言語・文化の厚い層が、IEAが予想もしなかったほどの強い拘束力をもって横たわっている現実を見落としてはならないであろう。

「異言語・異文化理解」や「異文化間コミュニケーション」がこともなくいわれることの多い昨今であるが、現代科学・技術の担い手として最高度の普遍性をほこる数学をもってしても、なお個別の自然言語に対して完全な治外法権を主張することが出来ないという事実を、この際、われわれは認めておく必要があると思われる。(11)

〈2〉「世界最低の外国語能力」

●国際英語能力テストの結果

数学学力の国際的評価と好対照をなすのが、日本人の外国語の能力に関する国際的評価である。たとえばエドウィン・O・ライシャワー（Edwin O. Reischauer）は、機会あるごとに、日本人の英語能力について次のような厳しい批判を繰り返した。

日本ほど英語の教育と学習に努力し、時間をかけ、金を使いながら効果を上げていない国は、他にないであろう。(The amount of effort, time and money put into English language teaching and learning probably produces smaller results in Japan than anywhere else.)(12)

１９５９年、日本をはじめて訪れたアーサー・ケストラー（Arthur Koestler）は、日本人を評して「手のつけられない外国語下手」(hopeless linguists) と断じたことが、当時話題になった。また、日本人でも江崎玲於奈は、ノーベル賞受賞のためにスウェーデンを訪れた際、スウェーデンの「大半の国民が巧みに英語をしゃべるのに接してみると、日本の英語教育は根本的に解決しなければならぬ何かの問題を抱えている」（『朝日新聞』１９７４年1月4日夕刊）と考えて、日本の英語教育の非能率を叱った。

特に最近は、一種の国際的な英語能力テストであるTOEFL[13]について、日本の得点の低さがしばしば話題になる。たとえば、TOEFLのペーパーテストによる最後の年度である1997〜1998年（1999年以後はコンピュータによるテストとなる）のデータでは、国別にみると、日本は世界の169か国・地域中155位、アジアでは25か国・地域中24位という成績である。これではIEA国際数学学力テストにおけるアメリカの成績と同様、まさに「屈辱的な」成績と映るはずである。特に数学学力が「世界最高」のわが国で、片や英語の能力についてはまさに「世界最低」であるという。これだけ明確な「動かぬ証拠」を突きつけられては、「もはや言い訳は出来ない」と、だれしも思ってしまう。

しかし、この結果をもって、直ちにわが国の英語教育を国際的には「下の下」と評するとすれば、それはアメリカの数学教育を国際的に「下の下」と評するのに似て、あまりにもナイーヴな速断と言わざるを得ない。先にわれわれは、民族を超えて等距離・中立であるはずの数学の学習にさえも、実は個別の言語・文化が、われわれが予想もしなかったほどの大きな関わりをもっている事実をみた。とすれば、外国語は、文字通り言語・文化そのものである。その外国語の学習に、学習者の個別言語・文化が深い関わりをもたないはずなど、到底あり得ないからである。

［表1—5］は、ペーパーテストによる最後の年度となった1997〜1998年のTOEFLの

［表1－5］TOEFL国・地域別得点状況（1997年7月～1998年6月）

地域名	国名	得点
アフリカ	エジプト	531
アフリカ	エチオピア	529
アフリカ	ガーナ	564
アフリカ	ケニア	560
アフリカ	ナイジェリア	569
南北アメリカ	アルゼンチン	569
南北アメリカ	ブラジル	553
南北アメリカ	コロンビア	545
南北アメリカ	メキシコ	551
南北アメリカ	ペルー	544
南北アメリカ	ベネズエラ	539
アジア	アフガニスタン	516
アジア	中華人民共和国	560
アジア	香港	523
アジア	インド	581
アジア	インドネシア	517
アジア	日本	498
アジア	韓国	522
アジア	フィリピン	577
アジア	シンガポール	603
アジア	台湾	508
アジア	タイ	502
ヨーロッパ	ベルギー	599
ヨーロッパ	チェコ	567
ヨーロッパ	デンマーク	607
ヨーロッパ	フィンランド	596
ヨーロッパ	フランス	557
ヨーロッパ	ドイツ	593
ヨーロッパ	ギリシア	548
ヨーロッパ	イタリア	554
ヨーロッパ	ルクセンブルク	602
ヨーロッパ	オランダ	612
ヨーロッパ	ノルウェー	586
ヨーロッパ	ポルトガル	575
ヨーロッパ	スペイン	566
ヨーロッパ	スウェーデン	585
ヨーロッパ	スイス	581
ヨーロッパ	トルコ	537
ヨーロッパ	ロシア	555
中近東	イラン	535
中近東	イスラエル	570
中近東	サウジアラビア	476
中近東	アラブ首長国連邦	488

（作成：大谷泰照）

国・地域別平均得点を示したものである。[14] 言うまでもなく、TOEFLは英語を母語としない人々が、アメリカやカナダの大学に入学する際に受験する英語の熟達度テスト（proficiency test）であるが、もしもこの成績をもって、それぞれの国の英語能力のひとつの指標と考えるならば、その結果はまことに興味深い。

●TOEFLの得点と受験者の言語・文化

［表1―5］で、最も高い得点をあげたのはどのような国か。それは、明らかに英語と同じインド・ヨーロッパ語族に属し、とくに英語と同語系関係にあるゲルマン語系の国々（オランダ、デンマーク、ベルギー、ドイツ、ルクセンブルク、スウェーデン、ノルウェー、スイス）である。それに次いで得点が高いのは、いわばゲルマン語系に隣接するロマンス語系の国々（ポルトガル、イタリア、フランス、スペイン）である。ただし、広大なスペイン語世界をなしていて、異言語学習の意欲の乏しいといわれる北中南米のロマンス語系の諸国（アルゼンチン、メキシコ、コロンビア、ペルー、ベネズエラ）の得点は、ヨーロッパのロマンス語系の国々に比べて、一般に得点は低い。次いで、語系が英語から遠ざかるにつれてスラヴ語系（ロシア、ただしチェコはロマンス語系に迫る）、ギリシア語系（ギリシア）の順に得点は下がって、イラン語系（イラン、アフガニスタン）がインド・ヨーロッパ語族の中でも最も低くなっている。

インド・ヨーロッパ語族圏外になると、セム・ハム語族に属するエジプト、エチオピア、アラブ首長国連邦、サウジアラビア、とりわけ、最後の2国の得点の極端な低さが目を引く。かつて、イギリスの歴史家エドワード・ギボン（Edward Gibbon）が、

アラブ人は、自らの民族語を過信して、外国語を学ぶことを潔しとしない。(Confident in the riches of their native tongue, the Arabians disdained the study of any foreign idiom.)（『ローマ帝国衰亡史』）

と述べたことが思い出される。

インド・ヨーロッパ語圏外でも、高い得点の目立つのは、アジアではシンガポール、フィリピン、アフリカではナイジェリア、ケニア、ガーナなどであるが、これらの国々は、いずれもかつての英・米の植民地経験国であることに注意しなければならない。イギリスの旧植民地インドは、インド・ヨーロッパ語圏にも属する。

また、ヨーロッパでもフィンランドの得点の高さが目立つが、フィンランド語は、ヨーロッパではめずらしくウラル語族の1言語で、インド・ヨーロッパ語族には属さない。しかし、そのフィンランドは、中世以来400年以上にもわたってスウェーデンと、さらにその後20世紀初めまで100年以

上もの間ロシアと、いずれもインド・ヨーロッパ語を話す両隣国の支配を受けてきた歴史をもつ国であることを忘れてはならない。最近、話題になることの多いフィンランドのＰＩＳＡ（ＯＥＣＤによる生徒の学習到達度調査）の高得点を考える際にも、この点を完全に無視した議論が横行している。

一方、欧米の植民地経験をもたず、しかも英語の属するインド・ヨーロッパ語族とは無縁のアルタイ語族やシナ・チベット語族の国・地域（韓国、台湾、タイ）は、まるで申し合わせたように得点が低い事実を見落としてはならない。わが日本も、実は、このような国々の１つであることに気づく必要がある。

このようにみると、学習者の母語の語系、言い換えれば学習者の母語と英語との間の言語的距離(linguistic distance）と、さらに欧米による植民地経験の有無が、ＴＯＥＦＬの結果に見事なまでに鮮明に反映していることが理解出来よう。

これは、単に１９９７〜９８年だけに限ったことではない。［表１－６］[15]からも明らかなように、ＴＯＥＦＬ発足以来30年以上もの間、大勢としてこの傾向はほとんど変わっていないのである。

最近、わが国の文部科学省関係者や外国語教育研究者の間でさえ、ＴＯＥＦＬにおける日本の得点の低さは、日本人受験者数の異常な多さ、言い換えれば受験者の大衆化の結果によるものと説明されることが多い。諸外国では選ばれたエリート層が受験するのに対して、日本の受験者は必ずしもエリート層に限られていないというのである。

［表1－6］TOEFL国・地域別得点の推移（1964年〜1998年）

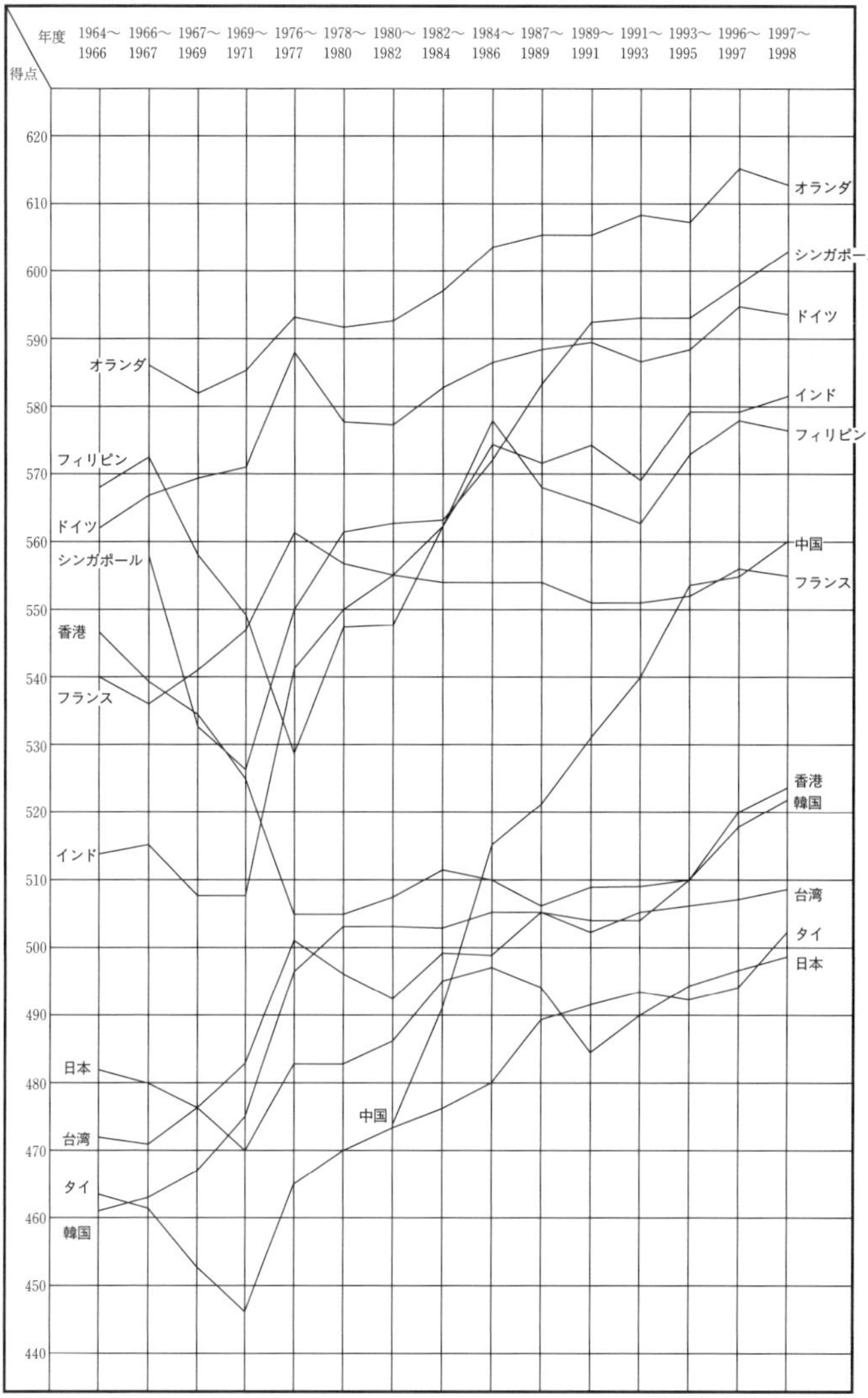

（作成：大谷泰照）

しかし、単に目先の結果だけにとらわれず、［表1―6］に示したように長期にわたって得点の推移を点検してみると、このような説明が必ずしも事実に即したものでないことが分かろう。TOEFL発足の頃、日本でも受験者は選ばれた少数者であった時期があった。その頃（1964〜66年の日本の受験者は1710人）から、広く一般の人々が数多く受験するようになった最近（1997〜98年の日本の受験者は14万6439人）に至るまで、日本の得点は一貫して低位なのである。その間、受験者数（層）の大きな変化にもかかわらず、わが国のTOEFLの得点が、これほどまでに影響をうけていないという事実にこそ、むしろ注目すべきであろう。

日本語とスウェーデン語とでは、いうまでもなく、英語に対して決して等距離関係にはない。日本語は、アルタイ語族の1言語とも、あるいは最近では、世界でも孤立した言語の1つともいわれるが、一方の英語は、日本語とは全く異質のインド・ヨーロッパ語族の1言語であり、しかも、スウェーデン語はこの英語と同語族関係にある。異語族言語の学習が、同語族言語の学習に比べてはるかに大きな困難を伴うことは、あらためて言うまでもない。しかしわが国では、スウェーデン人も、日本人も、英語の学習は同じように出来るはずであると固く信じ込まれているようである。

●国際日本語能力試験の結果

この問題を考えるためには、単にTOEFLだけにとらわれず、たとえば1984年以降、世界の

［表1－7］朝鮮語母語話者の日本語学習難易度

日本語の学習は：	人　数	％
非常に易しい	98人	28.0％
易しい	129人	37.0％
どちらともいえない	114人	32.7％
難しい	6人	1.7％
非常に難しい	2人	0.6％

（調査：大谷泰照）

各地で行われるようになった国際日本語能力試験⑯をも併せて考えてみるとよい。この日本語能力試験の成績を調査してみると、逆にTOEFLの得点の低い国・地域ほど日本語に高い得点をあげていて、ほぼ完全にTOEFLの裏返しの結果になっていることが分かる。この結果もまた、上に述べた学習者の母語と学習言語との言語的距離の関係をはっきりと裏づけている。

このようにみてくると、当然、われわれ日本人にとっても、英語よりはるかに習得の容易な外国語もあることに気づく。たとえば、隣国の朝鮮語がそれである。日本の大学の朝鮮語学科では、日本人学生は朝鮮語の文法体系を4週間もあれば、ほぼ完全にマスターするといわれる。また、韓国のいくつかの大学からの報告によれば、それらの大学で朝鮮語を学んでいる外国人留学生のなかでは、日本人学生の進歩がほぼ例外なくとび抜けて早いという。しかも、日本人の朝鮮語は外国人のアクセントが最も少ないともいわれる。韓国側からみれば、朝鮮語を学ぶこれら日本人留学生は、いわば「世界最高の外国語能力」の持ち主とさえ映るという。

それもそのはずで、朝鮮語は、事実上、日本語に最も近い外国語とさえいうことが出来る。文法体系に至っては、日本語とウリふたつである。したがって、国際日本語能力試験では、韓国の受験者の成績が常にとび抜けて高いのも少しも不思議はない。言語差の大きいヨーロッパの留学生の成績は、当然、相対的に低い。

ここに、昭和58年から平成8年までの14年間に、日本に留学した韓国人大学生・大学院生349人に対して行った日本語学習に関する筆者自身の調査結果がある。それによれば、朝鮮語を母語とする韓国人学生にとって、日本語の学習難易度は、［表1―7］の通りである。

われわれ日本人は、とかく日本語は外国人にとって学習困難な言語であると、何の根拠もなく思い込みがちである。しかし、この調査からも明らかなように、韓国人留学生の場合、日本語を学習の困難な、もしくは非常に困難な言語と考えているものは、合わせてもほんの2・3％にすぎない。実に97・7％の韓国人留学生は、日本語を学習困難な言語とは思っていないのである。近年の韓国の世論調査の結果によれば、韓国人にとって「世界で最も嫌いな国民」は、ほとんど常に日本人である。それにもかかわらず、韓国の高校生が選択する第2外国語は圧倒的に日本語である。それは、日本に対する彼らの関心の大きさというよりも、明らかに、彼らにとって日本語は、他の外国語に比べて学習が容易であるため、言い換えれば、いわゆる「省エネ学習」が可能であるためなのである。

●外国語と言語的距離

ドナルド・L・オールダーマン（Donald L. Alderman）らは、TOEFL受験者の母語と英語との言語的距離がTOEFLの得点に及ぼす影響について、すでに注目すべき研究成果を発表している。彼らの研究は、TOEFL項目の実に88％近くが、受験者の母語によって大きく影響をうけるという事実を明らかにしている。(17) これは、英語の学習にあたっては、すべての学習者が同じ条件で学ぶことが出来るという訳ではなく、学習者のそれぞれの母語によって学習の難易度は大きく異なることを示すものである。

外国語学習の立場からみた言語的距離については、アメリカ社会科学研究会議とアメリカ学術協議会で構成する日本研究合同委員会が出した日本研究実態調査報告書がひとつの参考になる。それによれば、英語の母語話者がフランス語を習得するのに要する時間を1とすれば、ロシア語には3、日本語には6の時間を要すると考えられている。(18)

さらに、日本語を含む2つ以上の外国語の学習経験をもつ英語の母語話者106人に対して行った筆者自身の調査がある。それによれば、英語母語話者からみた外国語学習の難易度を10段階評価にしたところ、フランス語は1～2、ロシア語は2～4、中国語は5～7、朝鮮語は9～10、そして日本語は10という結果が出ている。このことからも、日本語と英語は、これらの言語の中では言語的距離が最も遠く、相互に学習の難度が最も高い言語であることを十分にうかがわせる。

●「優越感」と「劣等感」の克服

先年も、ある教育雑誌が、その巻頭論文で、国際数学学力テストとＴＯＥＦＬの結果について次のように書いた。

アメリカに留学を希望する学生に実施する英語のテストで、日本はアジア地区の最下位である。世界１３０か国で、１１０番あたりに位置する。つまり、日本の英語教育は、世界で最も駄目だということだ。

日本の子どもの能力が低いわけではない。小・中学校の算数、理科の国際比較ではトップクラスだからである。

このような、世界最低の英語教育をしてきた責任は、第一に「英語教師」にあり、続いて「英語教育」に携わってきた関係者にある。(19)

数学や英語の国際テストの結果を、センセーショナルに取り上げることが多いのは、単にマスコミだけではない。わが国の経済企画庁までが、その『国民生活白書　昭和63年版』の巻頭で、とくにＩＥＡ数学テストとＴＯＥＦＬの結果を大きく取り上げて、表やグラフを使って次のように述べている。

［ＩＥＡ数学テストの結果］
日本の中高生の学力は世界の中でも非常に高い水準にある。（６ページ）
［ＴＯＥＦＬの結果］
日本の得点をアジア諸国・地域の中で比較すると……低い成績となっている。（９ページ）

特に、この『国民生活白書』は、日本人の「世界最高の数学学力」と「世界最低の外国語能力」という誤信を、あらためて広く国民一般の間に定着させてしまったとみられている。

しかし、すでにこれまでみてきた通り、われわれが、日本人のＩＥＡ国際数学学力テストやＴＯＥＦＬの得点をもって、そのまま「世界最高の数学学力」や「世界最低の外国語能力」と思い込んでしまったのは、われわれの実際の「学力」や「能力」を超えて、学習者自身の個別の言語・文化が、数学や英語の学習にいかに大きな関わりをもつかを、すっぽり見落としてしまっていたためである。われわれは、そんな言語・文化的理解に目覚めることによってはじめて、いわばいわれのない「優越感」と、いわれのない「劣等感」との間で揺れ動くわれわれ自身の姿もまた、はっきりとみえてくるはずである。

〈3〉「大規模クラスが教育効果を押し上げる」

●世界の国々の学級規模

平成4年（1992年）春のこと、フランスの教育学専攻の知人が、わが国の教育事情の調査のために来日した。ちょうどその時期、彼女はこの国の行く先々で、「やっと少人数学級が実現して」と率直によろこぶ何人もの小・中学校の先生方に会った。しかし、新学級編成基準の1学級40人が、なぜ「少人数」なのか、そのフランス人教授には合点がいかなかった。当時、フランスの義務教育の学級規模はすでに24人以下で、外国語のクラスに限っては、さらにそれを細分するのが普通であった。

その同じ年の夏、ケンブリッジで会ったイギリス人の教育学者は、日本の義務教育の学級編成基準が40人であると説明しても、ケンブリッジの同僚たちには信じてもらえないのだという。GDPではイギリスの3倍以上という経済大国日本が、そんな大クラスを組むはずがない。日本人は英語が不得手だから、'fourteen'のつもりが'forty'と言ったのだろうといわれるらしい。当時、イギリスも義務教育の学級規模は25人以下であったが、'Twenty is plenty.'と、さらに10人台の学級を目指していた。

国際教育到達度評価学会（IEA）の調査によれば、すでに1980年（昭和55年）当時、欧米の中学校（義務教育課程）では30人を超える学級をもつ国は、ただの1国も見当たらない。［表1―8］

［表1－8］学級生徒数（1980-82年）[20]

国名／中学高校別	ベルギー	カナダ	イングランド	フィンランド	フランス	香港	ハンガリー	イスラエル	日本	ルクセンブルク	オランダ	ニュージーランド	ナイジェリア	スコットランド	スワジーランド	スウェーデン	タイ	アメリカ
中学校（平均）人	20	27	25	22	24	43	26	24	39	19	24	28	33	28	38	20	42	26
高等学校（平均）人	14	23	10	20	—	27	26	18	40	—	—	16	—	22	—	22	43	22

［表1－9］学級編成基準改善計画の変遷

第1次	第2次	第3次	第4次	第5次	第6次	第7次
昭和34年～昭和38年	昭和39年～昭和43年	昭和44年～昭和48年	昭和49年～昭和53年	昭和55年～平成3年	平成5年～平成12年	平成13年～平成17年
50人	45人	45人	45人	40人	40人	40人

にみる通り、最大がカナダの27人（もっとも、イギリス国内のスコットランドは28人）、少ないところではスウェーデン、ベルギーの各20人、ルクセンブルクの19人である。それぞれ、当時のGDPで、日本の1／4、1／13、1／17、1／448という国々である。

特に欧米においては、過去90年以上にもわたって、学級規模と教育効果の関係については、おびただしい研究が行われてきた。このような研究成果をもつ欧米では、教育を軽視しない国ならば、当然、40人などという多人数学級は一般には考えられない。学級規模は、今や欧米では、その国・地域や学校の教育的熱意を測る最も確かなバロメーターとさえみなされている。

●わが国の学級規模

一方、戦後のわが国で、公立小・中学校の学級編成基準を定めたのは、昭和33年（1958年）制定の「公立義務教育諸学校の学級編制及び教職員定数の標準に関する法律」であった。それ以後今日まで、[表1—9]のように、7次にわたって学級編成基準改善計画が進められてきた。

この表からも明らかなように、昭和55年以来今日まで、ほぼ4分の1世紀以上もの間[21]、わが国の公立小・中学校の学級編成基準は40人のままで、これを縮小しようとする動きは、今のところみられない。

それというのも、わが国では、まことに不思議なことに、教育の近代化のために避けて通ることの出来ない学級規模と教育効果の問題について、組織的な実験・研究と呼ばれるものは、国や地方自治体の教育研究所においても、また大学においてさえ、これまでほとんど全くなされてこなかった。長年にわたり、数多くの多様な実験・研究を積み重ねてきた欧米諸国とは、きわめて対照的である。それでいて、欧米諸国で行われてきた調査・研究の成果に学ぼうとする姿勢も、またほとんどみられない。したがって、戦後の60人学級の頃の記憶をもつ人々には、40人学級ですら、なんとも「ぜいたくな」学級規模と映るらしい。学級規模の縮小などといえば、とかく教師の「無能」や「わがまま」のせいにされがちである。

●学級規模に関する文部科学省の姿勢

平成13年（2001年）2月27日に開かれた衆議院の文部科学委員会は、「文部科学行政の基本施策に関する件」を議題にした。その席上、田野瀬良太郎議員（理事）は、次のように少人数学級の導入に反対の意見を述べている。

少人数学級ということになると、競争力がなくなる、子ども同士の切磋琢磨がなくなる、教室に活気がなくなり、たくましい精神力を養い、生きる力をはぐくむという教育から相矛盾することになる……先生の資質があれば、三十人であれ四十人であれ五十人であれ、私学の世界ではクラスの生徒数が多いほど成績が上がる……クラスの生徒数を減らせば減らすほど成績が落ちてくる、そういう実態もある。

これに対して答弁に立った町村信孝文部科学大臣は、自らもこれに同意して、次のように述べている。

まさに委員御指摘のように、集団の中での人間形成、人間関係をつくっていく、切磋琢磨という面から、やはり一定程度の規模は必要であると考えています。[22]

さらに、同じ年の3月9日開催の文部科学委員会では、「公立義務教育諸学校の学級編制及び教職員定数の標準に関する法律等の一部を改正する法律案」が審議された。特に平成13年度から始まる第7次学級編成基準に関するいわば国の方針を事実上決定するこの重要な委員会で、河村建夫副大臣は、次のような注目すべき答弁を行った。

1クラスは何人であったら一番理想的な教育ができるかという、まだ確たるものは何もないのです。

続いて岩永峯一議員が、少人数学級の要望は教員側のわがままであるとして、次のように発言した。

教育効果というのは、現場の教員の労力を少なくするということのみの考えから出されたら大変迷惑だ。

これらを受けて、町村文部科学大臣の答弁は次の通りであった。

私は……昭和26年小学校に入学でありますが、そのころは大体50人から55人学級でした。では、そのころの55人学級あるいは50人学級で教育成果が著しく上がらなかったかといえば……必ずしもそうではない。

・　・　・　・　・

今30人がよいということを実証するだけのデータもございません。

・　・　・　・　・

集団の中で人間関係の形成とか切磋琢磨ということを考えたときに、……30人学級は必ずしも有効な手段ではないのではなかろうか、こう考えているわけでございます。

・　・　・　・　・

今回の改正におきまして、現行の40人という学級編制の標準については、私どもは、これを維持するということでございます。40人の中でも十分子どもたちのニーズにこたえられる教育が可能である、こう判断したからこそ今回の法案を出させていただいているわけでございます。(23)

このようにして、平成13年度から始まった第7次学級編成基準改善計画においても、40人学級の縮小はついに実現することはなかった。

●教育現場からの反乱

ところが、40人学級維持の国の方針に対して、父母や地方自治体の教育関係者の間では、特に近年、少人数学級を要望する声が、年とともに強まっている。とりわけ最近の「学力低下」、「学級崩壊」や「いじめ」の問題に直面して、生徒一人ひとりに目の行き届いたきめ細かな指導が、これまで以上に強く求められるようになった。そのためには、1学級あたりの生徒数の縮小が何よりも不可欠の要件であると考えられることになる。

文部科学省は、やむなく第7次学級編成基準改善計画では、40人学級という国の学級編成基準を維持しながらも、一方で都道府県が人件費を全額負担することを条件として、40人学級に特例としての例外措置をも認めざるを得なくなった。しかし、文部科学省は、機会あるごとに、40人学級の例外措置は「お薦めはしない」とクギを刺してきた。(24) 少人数学級を組もうとする県の担当者は、文部科学省に呼ばれて、「いばらの道を歩むことになりますよ」と「指導」を受けた。(25) そのためか、地方自治体も「機会均等が壊れる。だめだ」(埼玉県)(26)、「府の基準は40人学級。従ってもらわないと困る」(大阪府)(27)、「あくまでも1学級40人が適正規模だ」(奈良県)(28) など、少人数学級には消極的な姿勢を示すところが目立った。

しかし、40人学級という国の学級編成基準にもかかわらず、平成13年度以後、この「国のオキテ」に反する少人数学級の導入は、せきを切ったように瞬く間に全国に広がった。平成16年3月13日の文部科学省の発表によれば、平成16年度現在、少人数学級を導入した都道府県は43道府県に及んでいる。少人数学級を実施していないのは、わずかに東京、岐阜、香川、佐賀の4都県である。もっとも、少人数学級とはいえ、その多くは30人から35人規模で、それも主として小学校低学年に導入されているにすぎない。たとえば、平成19年度から小・中学校の全学年で35人学級の実現を公約して当選した滋賀県知事も、結局は、その計画を断念せざるを得なくなった。こんなわが国の現状は、1980年当時の欧米諸国のレベル［表1―8］にさえ、なお遠く及ばない。

●「21世紀のパスポートは教育」

なお、文部科学委員会における学級規模縮小に対する反対論には、少人数学級が多人数学級よりも教科については教育効果があるという検証が不十分であるという議論、及び少人数学級では子ども同士を競わせ、互いに切磋琢磨することが困難であるとする考え方以外に、いまひとつ教育予算の問題があった。現在の小・中学校の40人学級を30人学級にするためには、約11万人の教員の増員を必要とし、そのために年約7800億円の予算増を要するというものであった。

しかし実は、2004年のOECDの発表によれば、2001年度のわが国の国内総生産（GDP）に対する学校教育費の割合（3・5％）は、OECD30か国の中でも、トルコとともに、並外れて最低であることを忘れてはならない。これは、たとえばデンマーク（6・8％）のほぼ半分にすぎず、OECD各国の平均が5・0%であることをみれば、わが国の教育予算は、それさえも大きく下回っていることを明瞭に示している。[29]

21世紀を目前にした1999年のケルン・サミットは、「21世紀のパスポートは教育」であることを高らかに謳いあげ、教育の強化で各国首脳は完全な合意をみた。イギリスのブレア首相は、すでに1996年の労働党大会で、首相就任にあたっての3つの最優先課題(three top priorities)として、ためらうことなく、

「1に教育、2に教育、3にも教育」('Education, education and education.')

と述べて、教育立国への強い意欲を全世界に示した。その彼は、首相就任後、国の教育予算を軍事費の2倍の額にまで増額した。アメリカのブッシュ大統領もまた2001年、議会における就任所信表明演説で次のように述べて、教育が新大統領の最重要課題であることを宣明した。

「わが国の予算では、子どもたちに対する教育費の増額率を最大限にする。教育は私の最優先課題である」('The highest percentage increase in our budget should go to our children's education. Education is my top priority.')

同じ2001年（平成13年）、わが国でも国民の圧倒的な支持を得て、小泉内閣が発足した。その小泉首相の国会での最初の所信表明演説は5月7日に行われた。しかし、まことに信じ難いことに、その所信表明演説の中に、教育に関する所信の表明は、ただの1行も見ることは出来なかった。さらに、同年9月27日に、国会における小泉首相の第2回目の所信表明演説が行われたが、この演説においても、教育問題については、ついに一言も触れられることはなかった。そしてその後、国の歳出に占める教育費の割合は、2002年8・2％、2003年7・9％、2004年7・5％、2005年7・0％、2006年6・6％と、イギリスやアメリカとはまったく対照的に、年を追って確実に削減され続けてきた。

昭和22年（1947年）、敗戦直後の焦土の中で出来上がった『学習指導要領』では、特に外国語クラスについては、文部省は自ら「1学級の生徒数が30名以上になることは望ましくない」（第5章）と強調していた。しかしその後、半世紀以上がたち、世界の経済大国といわれるまでになった今日のわが国で、敗戦直後の貧しかった時代のこんなささやかな教育目標さえも、いまだに達成されていない。しかも、かつては文部省自身が教育現場に督励した1学級30人未満という学級規模を、いまや何の根拠もなく、文部科学大臣自らが、平然と「必ずしも有効な手段ではない」と答弁するまでになった。

●学級規模に関する研究成果

文部科学委員会の討議の席で、国の教育行政の最高責任者である文部科学大臣をはじめ、副大臣、初等中等教育局長らが異口同音に「学級規模と教育効果の関連については必ずしも明確にはなっていない」「少人数がよいということを実証するだけのデータもございません」と繰り返す。たしかに、不幸にしてわが国には今日まで、そのためのみるべき研究成果はほとんどない。しかし、もしも文部科学省に、諸外国で行われている数多くの研究の成果に学ぼうとする謙虚で国際的な姿勢さえあれば、少なくとも、このような奇態な答弁を繰り返すことには、とうていならなかったはずである。

たとえばアメリカ政府は、すでに1960年代に、57万人の生徒、6万人の教員、4000人の校長を披験者とする当時史上最大といわれた教育調査を行っている。その結果は「コールマン報告」として1966年に発表された。それによれば、子どもたちの教育効果を決定する最も重要な要因は、カリキュラムや、教材や、教師の力量などよりも、むしろ家庭や学校環境であることが分かる。特に学校環境については、学校規模が重要で、学校規模が小さくなればなるほど教育が行き届き、子どもたちの学習意欲が高まる実態を、この調査は詳細に報告している[30]。わが国では近年、少子化にともなって児童・生徒数が減少した学校同士の統合が相次ぐが、教育効果を高めるために、あえて学校規模の縮小を進めるアメリカとは、全く対照的な教育姿勢であることに気づく必要がある。

学校規模の効果は、学級規模の効果にも通じる問題である。学級規模と教育効果に関する研究で最

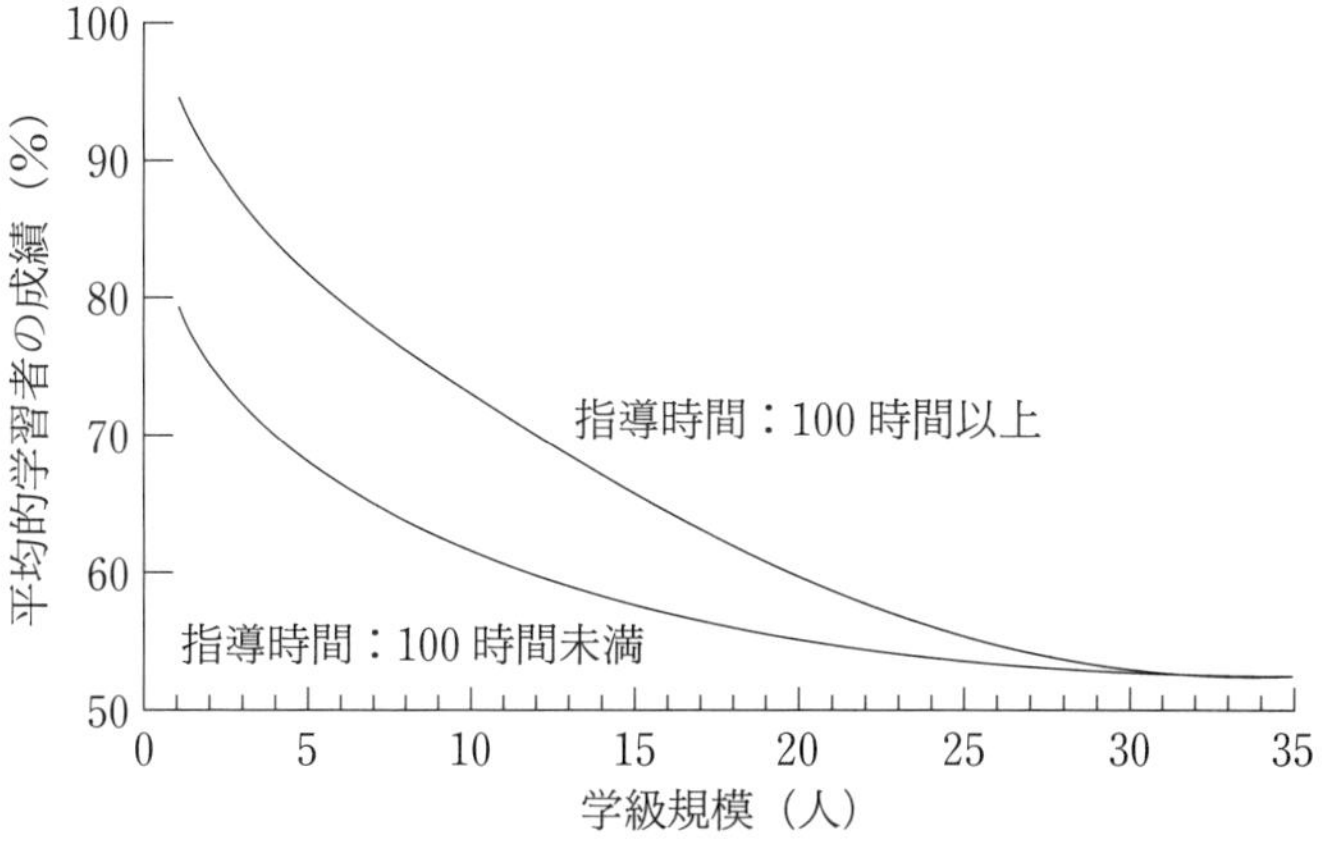

［図1－1］学級規模と学業成績の相関度[32]

もよく知られているのが、1979年に発表された米コロラド大学のジーン・V・グラス（Gene V Glass）とメアリー・リー・スミス（Mary Lee Smith）の研究である。彼らは過去70年以上にわたる約90万人の児童・生徒に関する調査・研究データを集めて統計的に分析した。[31] その結果、①学級規模は小さくなればなるほど教育効果は上がること、②特に、学級規模が20人を下回ると教育効果がいっそう顕著であること、を明らかにして、学級規模と教育効果の相関関係の大きさを指摘している。

それは、［図1—1］のようなグラス・スミス曲線として知られる。それによれば、40人学級で一般教科の学力テストにクラスの50％段階（中位）の成績をあげた平均的学習者を、半分のクラスサイズの20人学級に移してみると、100時間の指導が終わった段階では、元の40人学級の60％の学習者より高い成績をあげるという。20

人未満の学級では効果は一層顕著であり、もし同じ学習者を5人学級に移して、100時間の指導を受けさせれば、元の40人学級の80%の学習者たちを上回る高い成績をあげることが判明している。これは、少人数の学級になると、生徒指導がいかに行き届くかを明瞭に示すものである。

「アメリカ教育史上最も優れた実験の1つ」(one of the greatest experiments in education in United States history)[33]と呼ばれるのが、学級規模と教育効果の相関に関する調査研究として、特に知られるテネシー州のスター計画(Project STAR: Student-Teacher Achievement Ratio)とチャレンジ計画(Project Challenge)である。スター計画は、1985年から4年間にわたり、テネシー州の幼稚園児および小学校1、2、3年生児童7000人以上を対象とした追跡調査研究である。園児・児童を13~17人(少人数)学級と22~26人(多人数)学級にランダムに振り分けて、両グループについて詳細な比較を行った。その結果、①少人数学級の園児・児童は、標準化された試験とカリキュラムに基づいた試験の両方において、多人数学級の園児・児童を大幅に上回る成績をあげた。これは、白人、マイノリティを問わず同じ結果であった。②この教育効果は、園児・児童が普通規模の学級に戻った5年生以後も持続した。

チャレンジ計画は、スター計画の結果を受けて、1990年から行われた最も貧しい16の地区における少人数学級の実験である。幼稚園から小学校3年生まで段階的に少人数学級を実施した結果、①2年生段階で、以前は英語と数学の両方について、テネシー州で最下位に近い成績であったものが、ほぼ中位の成績まで上昇し、②少人数学級では、留年する児童が減少した。[34]

アメリカ・ウィスコンシン州のセイジ計画（SAGE Program: Student Achievement Guarantee in Education Program）もまた、この分野でよく知られた調査・研究である。1996年から5年をかけてウィスコンシン州が行った少人数学級計画で、幼稚園から小学校3年生までの低所得家庭の園児・児童を15人の学級に入れて、1年間の指導の後、その学習成績を普通学級の成績と比較したものである。その成果は、①すべての学年のすべての教科で、セイジ計画の園児・児童は、普通学級の園児・児童よりも一貫して高い成績をあげた。②セイジ計画の学級では、普通学級でみられるような白人と黒人の成績格差の広がりは認められなかった。[35]

アメリカ各州の少人数学級に関する実験計画は、単にテネシー州やウィスコンシン州にとどまらない。規模の大小に関わらず同様の実験・研究を行ったその他の州は、アリゾナ、カリフォルニア、コネティカット、フロリダ、インディアナ、ジョージア、ハワイ、イリノイ、アイオワ、カンザス、ケンタッキー、ルイジアナ、マサチューセッツ、ミシガン、ミネソタ、ネブラスカ、ネバダ、ニューハンプシャー、ニューヨーク、ノースカロライナ、オクラホマ、ユタの22州にものぼっている。[36]

●アメリカ大統領の決断

1983年、アメリカの子どもたちの学力低下や教育条件の不備を厳しく指摘した報告書『危機に立つ国家――教育改革の緊急性』(*A Nation at Risk: The Imperative for Educational Reform*)が発表されて以来、アメリカの教育問題は、もはや各州任せにしておけない、連邦政府の一大重要課題となった。

1998年1月、クリントン大統領は、年頭一般教書演説で、特に教育問題をとり上げて、情報の時代とは教育の時代であり、その意味で教育こそは、今日のアメリカにとっては最重要課題であるという自らの考え方を、あらためて強調した。そして、アメリカの教育危機を乗り越えるための教育改革のカギは、優秀な教員が少人数学級できめ細かな指導を行うこと以外にないと訴えた。大統領は、アメリカの当時の初等教育の平均学級規模22人では教育効果をあげることは困難であると考え、全米の小学校低学年の学級規模を18人以下に削減して、児童一人ひとりの指導を徹底させるという思い切った方針を打ち出した。クリントン大統領は、そのための措置として、その後7年間に120億ドルを支出して、新たに10万人の教員を採用することを明らかにした。

クリントン大統領に、このような大胆な教育政策を決断させたのは、とりもなおさず先に述べたような学級規模と教育効果に関する長年にわたる数々の実験・研究の結果であった。1998年6月、アメリカ教育省は、1970年代以降に行われた少人数学級に関するそれらの実験結果をまとめた報告書『学級規模の縮小と教員の資質の向上』(*Class Size Reduction and Teacher Quality Initiative*)を発表した。報告書は「少人数学級が差をつける」として、教員や父母が従来経験的に得ていた常識が、研究によって実証されたことを確認している。すなわち、少人数学級、とりわけ20人以下の学級は、多人数学級にくらべて学習態度、学業成績ともに、明らかに優れた結果をもたらすことを示している。しかも、その結果は、通常の規模の学級に戻った後も一定期間持続するというものである。[37]

アメリカ教育省は、1998年から小学校低学年で始まった18人以下の少人数学級の教育成果もまた、その1年後に発表した。『学級規模縮小計画――1年目の結果』（*The Class-Size Reduction Program: A First-Year Report*）である。それによると、全米の2万3000校で、9万クラス、170万人の児童が目の行き届いた（personalized）教育を受けた結果、規律を乱す問題が著しく減少し、教員の士気が高まり、児童の授業参加率と学業成績の向上が顕著であったという。報告書は「今こそ行動の時であり、言い訳は通用しない」と述べ、クリントン大統領自らも「学級の縮小は、われわれが子どもたちの未来のために出来る最も重要な投資の1つである」とその決意を語っている。

●アメリカの学級規模論争

アメリカで行われた数々の少人数学級のこころみは、スター計画やセイジ計画のように、少人数学級と教育効果の相関を鮮明に示したものばかりではなかった。クリントン大統領の学級規模縮小演説に先立つこと2年、1996年にカリフォルニア州はいち早く独自に州内すべての幼稚園児と小学校3年生までの学級規模縮小計画（CSRP: Class Size Reduction Program）に乗り出した。すべての園児・児童を、従来の平均29人の学級から20人以下の少人数学級に編成し直し、そのために毎年15億ドル以上の予算をつぎ込んだ。しかし、このCSRPがスター計画やセイジ計画と根本的に異なるのは、CSRPは単なる教育的実験・研究ではなく、実際の教育制度の改革であったことである。学級の少人数化にともなう学級増のために、新規に1万8000人の教員を採用したが、その4分の1は教員免許ももたない「教員」であった。学級増に対する教室など教育施設もまた十分ではなかった。あらかじめ準備すべき教育評価の態勢も整わないままで、しかも改革は全州にわたってごく短時間のうちに実行に移された。そのためにカリフォルニアのCSRPは、多くの問題をかかえた改革となり、その上、学級の縮小と教育効果の関係についても明確な評価を行うことが困難な改革となった。[38]

カリフォルニア州のこの学級規模改革について、カリフォルニア州学級規模縮小研究協議会(CSR Research Consortium)は、4年間の実績を調査した結果、学級規模と学業成績の間に顕著な相関は認められないという結論を下さざるを得なかった。[39] これに対して、クリストファー・ジェプスン(Christopher Jepsen)らの研究者たちは、この改革で多数の未熟な教員を採用したことによる教員の質的低下のために、本来、学級の縮小によって生ずるはずの教育効果が相殺されたものとみなさざるを得ないとする考え方を示した。[40]

これより先、特にアメリカで、学級規模と教育効果の関係に関する意見の対立が厳しくなったのは、国の教育危機が深まりをみせた1980年代に入ってからであった。その対立による論争の多くが、実験・調査関係資料の適正性に関するものであった。学級の縮小にともなって生ずる様々な教育条件の変化についての解釈もまた、重要な争点となった。あるいは、実験や改革を意識しすぎた児童や父母や教員たちが、その計画を成功させようとして、日常とは違った振舞い方をしがちな「ホーソン効果」（'Hawthorne' effect）や、同じく改革を意識しすぎて、通常の学級と、縮小された学級のそれぞれの側の教員たちが、相互に競い合って特殊な行動をとりがちな「ヘンリー効果」（'Henry' effect）などについても、研究者によって見解を異にしがちであった。たしかに、数多くの実験・研究が、とりわけ低学年や遅進児の場合、学級規模と教育効果の間に一定の相関を認めてはいるが、仔細に点検してみると、実験・研究の方法や結論の導き方について様々な問題が認められた。

それらの論争の中でも、最もよく知られたもののひとつが、スタンフォード大学のエリック・A・ハヌシェック（Eric A. Hanushek）とプリンストン大学のアラン・B・クルーガー（Alan B. Krueger）の2人の経済学者間の論争である。

ハヌシェックは、ごくわずかの例外を除けば、学級規模と教育効果の間には何の直接的な相関も認められないとする立場のいわば代表者である。一方のクルーガーはスター計画の研究で知られ、その研究を通して学級規模と教育効果の間に高い相関を認め、特にアメリカの学級の少人数化に大きな影響をあたえた人物である。

ハヌシェックは、過去の59にのぼる学級規模と教育効果に関する研究の結果をとり上げて、それら

［表１－10］少人数学級と教育効果の相関

結果	ハヌシェック	クルーガー
相関が認められ、統計的にも有意	14.8％	33.5％
統計上有意差が認められない	71.9％	58.4％
相関が認められず、統計的に有意	13.4％	8.0％

についてハヌシェック自身の評価を下している。クルーガーは、ハヌシェックがとり上げたその同じ59の研究結果について、あらためてクルーガー自身の目で評価をし直した。［表１―10］はその結果である。(41)

ハヌシェックは、59の研究のうちの14・8％に相関が認められ、統計的にも有意であると考えている。それらの研究では、少人数学級は多人数の学級に比べて、たしかに高い成績をあげたことを示している。しかし、その他の研究は、統計的に有意とはいえない（成績に差がみられない）もの（71・9％）か、あるいは相関が認められず、統計的には有意である（少人数学級で成績も低い）もの（13・4％）と判断している。

これに対してクルーガーは、ハヌシェックが取り上げた59の研究の選定そのものに偏りがあり、さらに評価の方法が適正を欠くために、ハヌシェックの結果にゆがみが生じたと考えている。

●新たな国際的誤解

少人数学級の教育効果論争において、特に教育効果に否定的な見解が目立つようになったのは、１９９０年代も後半に入ってからであることは注目する必要がある。それは、１９９５年に行われた国際教育到達度評価学会（ＩＥＡ）の第３回国際数学学力テストの結果の発表以降のことと言ってもよい。

ＩＥＡ国際数学教育調査は、各国の数学教育の実態を多角的に研究するための、かつてなく大規模な国際調査で、１９６４年の第１回以来今日まで、すでに合計5回行われている。13歳（中学２年生）生徒の国別の学級規模（第１～４回）と数学学力テストの得点（第１～５回）については第１節の［表１―４］に示した通りである。

この調査が明らかにしたことは、調査の度ごとに、得点の最上位はいわゆる漢字文化圏の国・地域が独占して、１つの例外もなく、欧米諸国を全く寄せつけないという事実である。これらの国・地域は、特に第１～４回では、欧米のどの国よりもはるかに大きな学級規模でありながら、欧米のどの国よりもはるかに高い得点をあげた。特に１９８１年の第２回テスト以後は、欧米諸国では28人を超える学級規模をもつ国はただの１国も見当たらないのに対して、漢字文化圏では、逆に30人を下回る学級をもつ国・地域はただの１つもない。そろって30人台から50人台にも及ぶ多人数学級である。つまり、いわゆる漢字文化圏の国・地域は、欧米諸国よりも例外なく大きな学級規模でありながら、欧米諸国よりも例外なく高い得点をあげる結果になった。その道の専門家たちを動員して行われた大規模な国際教育調査におけるこの一見信じ難い結果は、欧米のマスコミや教育関係者の間では一種の衝撃をもって受けとめられた。たとえば、すでに第１回の数学テストの結果から『タイム』誌が、学級規模と教育効果の関係に疑問を呈していたことについてはすでに触れた。

そしてこの結果が、単に数学教育の問題だけでなく、学級規模と教育効果の研究にも大きな波紋を投げかけ、さらには少なからぬ混迷を招くことになった。とりわけ、学級の少人数化によって増大した教育費をかかえる自治体や学校には、大きな動揺をあたえることになった。

少人数学級の教育効果に否定的見解をとる論文の多くが、それ以後、とくにIEA第3回国際数学教育調査の学級規模と数学テストの結果を有力な論拠とするようになった。ハヌシェックは、

> この国際調査の結果は、学級規模と教育効果の間には何の相関も認められないことを示している。(International comparisons suggest no relationship between pupil-teacher ratios and student performance.)[42]

と述べて、IEA国際調査の学級規模と数学テストの結果を根拠に、学級規模と教育効果の相関関係を完全否定している。

たしかに、IEAのテスト結果をみる限り、少人数学級を組む欧米諸国のうち、ただの1国も、多人数学級を組むアジア諸国・地域の得点に太刀打ち出来る国はない。この動かし難い事実から、ハヌシェック以外にも、ハーヴァード大学のマーチン・R・ウェスト(Martin R. West)やキール世界

経済研究所のルートガー・ヴェスマン（Ludger Woessmann）などのように、

> 学級規模の小さい国ほど得点が低く……学級規模の大きい国の得点はむしろ高い傾向がある。これは相当の大規模学級でも教育効果をあげることが出来ることを明瞭に示している。（The countries with the smallest classes tended to be the worst performers. ... High performers tend to have large classes. It does demonstrate that it is possible to have a high-achieving school system with relatively large classes.）[43]

などと考える研究者たちが続出するのも無理からぬことであろう。このために、最近では、高い教育効果を上げるためには、学級の少人数化よりも、むしろ逆に多人数化の検討が必要であるかのように思い込み、戸惑いを隠せない研究者たちが増えた。

『ファーザーズ・マニフェスト』（*Father's Manifesto*）誌にいたっては、「ＩＥＡ第3回国際数学テストの得点と学級規模」（'TIMSS Math Score Versus Class Size'）の表題で、

> 平均的な規模の学級では、生徒数が1人増えるごとに、ＩＥＡ国際数学テストの得点は4点ずつ上昇する。（Each additional student per average classroom paralleled a four point increase in

TIMSS Math scores.)(44)

と述べて、IEA第3回国際数学学力テストの結果から、学級の少人数化どころか、逆に学級の生徒数が1人増えるごとに、IEAの数学得点は4点ずつ上昇してゆくかのような論説を掲載したほどであった。

IEAの国際数学学力テストの結果は、このようなまことに予想もしなかった学級規模論争を引き起こしてしまった。

もちろん、膨大な資料と時間を使って導き出されたグラス・スミスやスター計画・チャレンジ計画などの少人数学級効果論については、今もその信憑性は高い。同時に、国際的な教育評価専門学会IEAの国際数学学力テストの結果からは、多人数学級が少人数学級よりもまぎれもなく高い得点をあげた事実が、はっきりと示された。この結果に基づく多人数学級効果論もまた、容易に否定することは出来そうにない。今日の学級規模論争は、一言でいえば、この抜き差しならないディレンマの中にあるといえる。

●学級規模論争にひそむ陥穽

しかし、この論争を考えるにあたって見落としてならない重要な点は、従来の学級規模に関する調査・研究の対象が、ほとんどの場合、多様な教科の学級規模の変化にともなう被験者の変容の実態であったのに対して、ＩＥＡの数学教育調査は、それぞれに相互に何の関連もない国や地域の単なる学級規模と得点の比較にすぎないことである。学級規模の変化が被験者にどのような教育効果をもたらしたかを追跡・検証しようとするものではないのである。しかも、ＩＥＡ調査が取り上げたのは、数学という数ある教科の中の特殊な1教科であるということである。

言うまでもなく、このようなＩＥＡ国際数学学力テストの結果を、何の疑いもなく学級規模と教育効果の関係を示す有力な指標と思い込む研究者の目には、数や数式は、個別の言語・文化には依存しない超民族的な普遍性をもった万国共通語としか映っていないはずである。言い換えれば、数学は、学習者の言語・文化に関わりなく、すべての学習者に等距離・中立の教科であると信じ込まれている。

しかし、それが大いなる国際的誤解であることは、たとえば2×3という簡単な数式ひとつをとっても、その意味が欧米とアジアでは決して同一でないという一事からも明らかである。これは、広く普遍的と信じて疑われることのない数式も、実は個別の言語・文化に固有の構造に強く拘束され、そのために乗数と被乗数の位置が逆転してしまった結果であることを、すでに第1節で詳説した。

さらに第1節では、数詞、10進法、乗法九九の学習を点検して、数学学習の基礎的段階、特に有理数の四則計算に及ぼす個別言語の影響の大きさに気づく必要のあることを指摘した。言い換えれば、個別言語に依存しない超民族的な普遍性をもつと思われている数学の学習にも、学習者の母語が決して無関係ではあり得ないことを示した。

第3回IEA国際数学学力テストでは、参加国の上位4位までを、シンガポール、韓国、日本、香港のいわゆる漢字文化圏4か国・地域が独占した。第4回以後も上位5位までを、シンガポール、韓国、台湾、香港、日本の5か国・地域が独占したのも、先に述べたように、実は基本的には、このような各国・地域の言語・文化的特質に負うものと考えざるを得ない。単なる学級規模の問題でもなければ、ましてや偶然の結果でもない。

たしかに、漢字文化圏5か国・地域は、欧米諸国に比べてはるかに多人数の学級を組み、それでいて欧米諸国よりもはるかに高い得点をあげた。しかしこれは、明らかに、5か国・地域の学級が多人数であるがために生まれた成果ではない。むしろ、これほどの多人数学級という劣悪な教育条件であるにもかかわらず、5か国・地域の言語・文化の固有の特質によってもたらされた結果とみるべきである。

このような理解に立てば、当然、IEA国際数学学力テストの結果を論拠とした近年の多人数学級効果論や少人数学級無効果論は、直ちにその立論の根拠を失い、その立場は根底から崩れ去ることを意味する。

思えば、少なからぬ欧米の研究者たちが、個別の言語・文化の数学学習に果たす役割に思い至らず、IEA国際数学学力テストの結果をもって、直ちに「多人数学級こそが高い教育効果を生む」ものと取り違えて、声高に多人数学級効果論を主張する現状は、広く国際的な「異文化交流」や「異文化理解」が当然の前提であるはずの今日の教育・研究の分野で、まことに異常な光景というほかはない。国際的に混迷を深めるこの学級規模論争を解くカギは、従来の数学教育論や集団教育論にとらわれず、視点をがらりと変えて、広くアジアの言語・文化を見渡した「補助線」を1本、しっかりと引いてみることである。

学級規模をめぐるこのような光景は、欧米以外の言語・文化に対する正当な理解を欠いた欧米人の、いかにも欧米中心の研究姿勢のありようを、はしなくも露呈したものというべきであろう。同時に、この学級規模問題は、わが国の教育責任官庁である文部科学省が、新時代にふさわしい教育・研究の国際化を積極的に推進する立場にありながら、このように激動する諸外国の教育的動向に対して、今日までおどろくほどに無関心であり続けたという深刻な実態をも、これまた、はしなくも鮮明に露呈する結果になってしまった。

〈第２章〉揺れる日本人の言語・文化意識

〈1〉 40年周期の往復運動

●学習者層の変化

時代の進展にともなう学習者層の意識の変化は、彼らをとりまく社会的環境の変化に負う部分が少なくない。たとえば、いわゆる「読み、書き、そろばん」の学習については、長らくその必要性は毫も疑われることはなかった。かつては、むしろその学習は、エリートたちのための一種の特権とさえ考えられていたほどである。

ところが戦後、中学校が義務教育となり、さらに高校さえも準義務教育化するに及んで、状況は大きく変化した。銀林浩によれば、高校進学率が70％を越えた昭和40年代になると、高校３年生の75％

までが、「そろばん」のうちでも四則計算以外の数学学習の必要は認めていないという調査結果が出て、数学教育者たちに大きなショックをあたえた。(1) 高校生の多くが、解析や幾何が日常生活にとってはたして必要なのか、微分や積分がいったい何の役に立つのかと考えるようになったのである。

さらに、昭和50年代以後の電卓の急速な普及の結果、最近ではついに、その四則計算そのものの学習の必要性についてさえ、多くの学習者たちは懐疑的になりつつあるといわれる。カード型電卓1枚あれば大抵の計算が出来てしまうこの時代に、なぜわざわざ九九を覚えなければならないのかという。

「読み、書き、そろばん」にもまして、長らく一部エリートの独占物であったのは、外国語、とりわけ英語の知識であった。かつては、英語の学習にあこがれる多くの大衆はいたとしても、英語の学習に懐疑的なエリートはほとんどいなかったといってもよい。ところが、昭和40年代後半にかかるあたりから、数学の場合と同様に、英語についても、その学習に疑問をもつ若者たちが目立ち始めた。ようやく日本は世界の先進国の仲間入りをし始めた頃である。

この頃、國弘正雄が、彼の若い読者たちから、「なぜ英語を勉強しなければならないのか……むしろ外国人に日本語を勉強させたらよいではないか」という趣旨のたくさんの質問カードを受け取って驚いたという。(2) 同じ頃、中津燎子の『なんで英語やるの?』(午夢館、昭和49年)がベストセラーになり、大宅壮一賞を受けることになる。

コンピュータ時代の到来は、英語の学習者にとっても決して無関係ではあり得なかった。昭和50年代に入って出現した小型自動翻訳機は、もちろんその性能は限られたものではあったが、「英語の勉強よ、さようなら」というそのCMそのままに、多くの英語学習者に対して「なんで英語やるの？」の疑念を一層深めさせたことは否めない。

●大学新入生の言語志向

筆者は昭和36年以来40年以上にわたり、毎学年はじめに、関西のいくつかの国・公・私立大学の新入生に対して言語意識の調査を続けてきた。少ない年で500人ばかり、例年はほぼ1000人を越える学生の意識調査である。入学早々の時期であるため、正確には大学生というよりも、むしろ高校卒業生の意識の実態と考えたほうが適当かもしれない。

その調査の項目に必ず入れるものの1つに「もしも生まれ変わることが出来るとすれば、何語を母語に選びたいか」という設問がある。世界の5000を越えるといわれる言語のなかで、学生は母語として何語を最も望ましい言語と考えているかを調べようとするものである。わざわざ「生まれ変わることが出来るとすれば」と断ったのは、われわれのおかれた現実はともかく、少なくとも意識の上だけは日本人であり、日本語が母語であるという現実を離れて、出来るだけ何物にもとらわれない自由な発想を期待したからである。

［表２－１］大学新入生の母語願望

願望言語＼年	昭和36年（1961年）	昭和46年（1971年）	昭和56年（1981年）	平成3年（1991年）	平成14年（2002年）
英　語	69％	54％	42％	36％	54％
日本語	14％	30％	42％	45％	33％
何語でもよい（同じ）	0.8％	1.8％	1.0％	0.8％	1.1％

（調査：大谷泰照）

ところが、最近の学生はずいぶんと覚めていて、「人間は生まれ変わることは出来ないのである」という自明の事実を、「細胞の死」の意味から説き起こして、受験勉強で仕入れた生物学の知識を総動員してアンケート用紙いっぱいに書いてくれるもの、「そんな仮定の質問にはお答え出来かねる」と、こちらの質問にのってこようとしないものなどが、文学部の学生たちのなかにさえ出てくる。以前の学生なら、喜んでいろいろな楽しい夢や希望を語ってくれたものであるが、いまは、もはやそんな夢がもてる時代ではなくなったのかもしれない。

有効な回答の結果は［表２―１］の通りである。

昭和36年当時、母語にしたい言語で最も多かったのが英語で69％、次が日本語の14％であった。当時の学生の多くが「日本のような国に生まれなければよかった」「日本語などを母語にして大損だ」と考えていた。「生まれ変わったら英語を母語にしたい」「アメリカ人になりたい、イギリス人になりたい」、これが昭和36年当時の学生たちであった。旧国鉄城東線（現ＪＲ環状線）の電車の窓から見える大阪城そばの広大な旧陸軍造兵廠跡には、終戦前日の昭和20年8月14日の大空襲の際に出来た1トン爆弾の大きな穴が、まるで月面のクレーターのように地面のあちこちに残り、焼けただれてアメのように折れ曲がった工場の鉄骨が、被爆当時のままに放置されて、まだ敗戦の傷跡の癒えきらない貧しい時代の日本であった。

ところが、それから10年後の昭和46年になると、これが大きく変化する。英語の母語願望が69％から54％に減少し、一方、日本語を母語にもちたいと願う学生が14％から30％に倍増している。その10年間に何が起こったのか。昭和39年には、戦勝国のアメリカやイギリスにもなかった世界一の高速鉄道の東海道新幹線が開通した。これは、敗戦国の日本人にとっては誇るに足る出来事であったと思われる。同じ年に、東京でアジア最初のオリンピックを開催し、これを見事に成功させた。昭和43年には、GNPが自由世界第2位にまで成長し、昭和45年には大阪万国博覧会も開催して、日本の戦後の復興ぶりを広く世界に印象づけた。こんなことが、おそらく学生の言語意識にも敏感に影響したものと考えられる。

そして、さらに10年後、昭和56年の調査では、ついに英語願望と日本語願望が横一線に並んでしまった。ともに42％の同率である。その前年に、経済白書が「先進国日本の試練と課題」と題して、高らかに全世界に向かって先進国宣言を行った直後のことであった。すでに昭和54年には、ハーヴァード大学のエズラ・F・ヴォーゲル（Ezra F. Vogel）が『ジャパン・アズ・ナンバーワン』（*Japan as Number One*）を書き、日本はすでにアメリカをも脅かす存在にのし上がったかのように思われていた。

なお、この間、昭和51年から52年にかけて、フランス語願望が急増したことがあった。宝塚歌劇の「ベルサイユのバラ」が異常な人気を博し、テレビや漫画でも「ベルサイユのバラ」が大ブームになったことによるものであるが、ブームはしょせんブームであって、長続きすることはなかった。

その後、さらに10年たって、平成3年春には、英語と答えたものは36％にまで減少してしまった。一方、日本語と答えたものは実に45％に増え、日本語が英語を完全に追い抜き、日・英語の順位は逆転してしまった。こうして、わが学生たちの母語願望は、この時期まで3分の1世紀以上もの間、一貫して英語志向の漸減、そして日本語志向の漸増の傾向は変わらなかった。

ところが、平成10年を過ぎる頃から、この傾向が急変する。再び英語願望が日本語願望を上回る急激な逆転現象が現れる。平成3年のバブル崩壊による平成大不況の中で、英語の第2公用語化論の台頭など、英語への傾斜を強めた社会の風潮を敏感に反映したものとみることが出来る。戦後の学生の母語願望に、はじめて現れた大きな転換点である。

●日本人学生の言語意識

これらの母語願望調査で、学生が英語を選ぶ理由としては、常に「国際語だから」が圧倒的で、次いで「外国語の学習が不要だから」「他の外国語（印欧語）の学習が容易だから」が続き、この3つの理由でほぼ90％以上を占める。さらに、それ以外に、英語は「美しいことばだから」「論理的なことばだから」「魅力的なことばだから」「易しいことばだから」などの答えが目立つ。彼らは、いわゆる「国際語」を母語にもつことが、はたしてそれほどまでに有利なことであるのかどうかについて、あらためて考えてみようとすることもあまりない。しかも、「国際語」が母語であれば、外国語の学習さえ不要であると信じ込んでいる。

一方、日本語を選ぶ理由は、ほとんどの場合、「好きだから」「美しいから」「独特だから」「難しいから」「優れているから」「表現力が豊かだから」、およびこれに類する理由で80～90％を占める。これをみると、われわれが自分の母語から自由になることが、そして自己文化中心の発想から少しでも脱却することが、いかに困難であるかがよく分かる。

わが学生たちは、言語には美しい言語と美しくない言語、論理的な言語と非論理的な言語、難しい言語と易しい言語があり、さらには優れた言語と劣った言語があると大真面目に信じ込んでいる。これではわれわれは、「スペイン語は恋人のことば、イタリア語は歌手のことば、フランス語は外交官のことば、ドイツ語は馬のいななき、英語はガチョウの鳴き声」などというロマンス語讃美、ゲルマン語蔑視の偏見に満ちた有名なスペインのことわざを、はたして笑う資格があるのであろうか。あるいは、「フランス語は神のことば、英語は泥棒のことば、ドイツ語はカラスの鳴き声」といったナポレオンの滑稽なまでの自己文化中心主義を、はたして憐れむ資格があるのであろうか。

実は、もしも日本の学校外国語教育が、世間でよくいわれるように「欠陥教育」であるとするならば、それは英語が少々話せないとか、英語の手紙が書けないというよりも、むしろ言語そのものに対して、このような偏見に満ちた圧倒的多数の学生を育ててきたためと考えるべきではないか。この事実に、われわれはもう少し重大な関心をもつ必要がありそうに思われる。

筆者は滞米中、アメリカの学生についても、2回にわたって同様の意識調査を行った。第1回目は昭和48年から49年にかけて、第2回目は昭和57年で、それぞれ732人、462人のアメリカ生まれのアメリカ人大学生が被験者であった。

彼らは、もしも生まれ変わることが出来るとすれば、何語を母語にもちたいと考えているであろうか。アメリカ人学生も、たしかに英語願望が最も多いことに変わりはない。しかし、われわれの大方の予想よりもはるかに少なく、昭和48〜49年には36％、昭和57年には33％程度にすぎない。しかも、そのなかには、アメリカ英語でなく、わざわざイギリスのクイーンズ・イングリッシュと答えたものさえ目についた。

英語に次いで多いのがフランス語で、それぞれ28％、27％。アメリカ人のフランス語に対する独特の感情をうかがい知ることが出来よう。さらに、アメリカ人学生の特徴は、日本人学生には考えられないほど大小とりまぜて多様な言語が出てくることである。英語やフランス語だけに集中しないのである。いまひとつ、われわれにとって注目すべきことは、「何語でもよい（同じ）」という回答である。これが昭和48〜49年には19％、昭和57年には23％である。生まれたところの言語なら何語でも構わない、言語に上下の差はないというこの答えは、さすが多民族国家アメリカの学生ならではの答えといえよう。アメリカではその当時、外国語教育の不振ぶりが大きな政治問題にすらなっていたが、それでもこのような学生が5人に1人もいるという事実は、アメリカにとって大きな強みということが出来る。日本では、そんな学生にはめったに出くわすことがない。

こうみてくると、特に日本人学生の言語に対する姿勢は、政治や経済の動きにつれて、実に敏感に変化していることがよく分かる。アメリカであれ日本であれ、いわゆる大国でありさえすればその国の言語が望ましいと考えていて、言語・文化の視点から考えるというよりも、むしろ極端に政治的・経済的大国志向であるということが出来る。まさに「寄らば大樹の陰」と、とかく大国のそばに身を寄せたがる。したがって、アメリカ人学生とは違って、逆にそれ以外の国、とくに周辺国や小国といわれる国々は、ほとんど眼中に入ってこないという困った結果にならざるを得ない。

●歴史的にみた日本人の言語・文化意識

以上のような日本人学生の言語志向の傾向は、決して戦後の大学新入生たちに限ってみられる新しい現象ではない。われわれ日本人が英語を学び始めてから今日までほぼ140年、その間に、同じような現象が何度か繰り返されているという事実に着目する必要がある。

一般人の海外渡航がいまだ厳しい国禁であった幕末から、毎年1千数百万人もの観光客が大挙して国外にあふれ出る平成の今日に至るまでに、異言語・異文化に対する日本人の姿勢は、たしかに劇的なまでの変貌を遂げた。しかしそれは、われわれの異言語・異文化理解のありようが、一般に信じられているほど直線的・上昇的に向上を続けてきたということを、必ずしも意味しない。この間、われわれは直線的・上昇的向上というよりも、むしろ、それとは対照的に、回帰的・反復的な一種の往復運動を繰り返しながら今日に至ったとみるべきではないか。

実は、この140余年を仔細に点検してみると、［表2―2］（86～87頁）に示したように、ほぼ40年の周期（長い縦線から縦線までの間）で、英語一辺倒のいわば英語蜜月段階と、一転して英語に対して拒否的反応を強める英語不適合段階（その転換点を短い縦線で示す）の、いわば2つの対立する極の間の往復運動を、少なくとも、交互にそれぞれ3回繰り返しながら今日に及んでいると考えることが出来る。これを「親英」的時代と「反英」的時代の反復と呼んでもよい。

幕末は攘夷運動の激しい「反英」的時代であった。「夷狄斬るべし」と公然と言われ、外国人に対する刃傷沙汰が絶えなかった。日本人が自らの力に過度の自信をもっていた時代であり、その結果、薩英、馬関の2つの戦争まで引き起こした。ところが、これらの戦いで欧米列強の実力をまざまざとみせつけられると、途端に日本人は、それまでの自信を大きく失い、手のひらを返すように欧米に急接近する、いわゆる「親英」に急転して明治が始まる。

●第1回「親英」「反英」のサイクル

わが国の英語熱は、福沢諭吉が大量の英書をアメリカから持ち帰った慶応3年から翌明治元年の頃から高まり、明治5～6年は「英書の大洪水の有様を呈し[3]」た英語異常ブームの時代であった。明治6年、後に初代文部大臣になる森有礼は日本語を「貧弱な言語」(our meagre language[4])と考え、この日本語の代わりに英語をわれわれの国語にしようという「英語国語化論」を提唱した。

彼はまた、後に第2代首相になる黒田清隆らとともに、「劣等な」日本民族を、欧米人と結婚させることによって人種改良を図ろうと大真面目に考えたほどである。彼ら以外にも、たとえば井上哲次郎などのように、日本人を欧米人に比べて「劣等人種」と信じていた知的指導者は少なくなかった。明治16年には、文字通り西欧風俗模倣のための舞台ともいうべき鹿鳴館が完成し、以後この欧化主義的傾向は明治20年代初めまで続く。この時期は、わが国最初の英学の最盛期といわれ、明治18年には文相森有礼が英語教育強化の方針を打ち出している。高等教育も多くは英米人の教師によって英語で行われていた時代である。

このように明治の初めのほぼ20年間は、英語一辺倒の欧化主義の時代が続く。その風向きが変化するのは、明治22年に帝国憲法が制定され、23年に教育勅語が公布された頃からである。その頃から自由主義的思潮は次第に排斥されて、国家主義的・国粋主義的傾向が強まってくる。御雇い外国人教師の多くが大学を去り、日本人がそれにとって代わるようになる。明治26年になると、文部大臣井上毅

［表2―2］日本人の言語・文化意識の変化の指標

	攘夷運動「夷狄斬るべし」
文久3（1863）	薩英戦争
元治元（1864）	馬関戦争
明治元（1868）頃	
5（1872）	英語異常ブーム
6（1873）	英語「国語化」論・日本人種改造論
16（1883）	鹿鳴館落成
22（1889）	帝国憲法公布・女子師範の教科から英語を削除
26（1893）	国語教育強化論
27-28（1894-5）	日清戦争
35（1902）	ハーン、東大を追われる
37-38（1904-5）	日露戦争
明治40（1907）頃	
大正8（1919）	中学外国語時数6-7-7
11（1922）	パーマー、文部省英語教授研究所々長に就任
昭和2（1927）	英語教育廃止論
6（1931）	中学外国語時数5-5-6
15（1940）	陸軍関係学校、入試科目から外国語削除

16-20（1941-5）	太平洋戦争「鬼畜米英」「見敵必殺」
18（1943）	中学外国語時数4-4-4（選択）
昭和20（1945）	**敗戦** 『日米会話手帳』空前のベストセラー
21（1946）	フランス語「国語化」論
22（1947）	義務教育に英語導入（「1週6時間が理想的な時数であり、1週4時間以下では効果が極めて減る」）
25（1950）	英語「国語化」論
33（1958）	中学外国語時数「週最低3時間」
44（1969）	中学外国語時数「週標準3時間」
49（1974）	平泉案（「わが国では外国語の能力のないことは事実としては全く不便を来さない」）
52（1977）	中学外国語時数「週3時間」
54（1979）	『ジャパン・アズ・ナンバーワン』
60（1985）	プラザ合意
61（1986）	中曽根首相「アメリカ人の知識水準」発言
平成3（1991）	**バブル崩壊・平成大不況**
9（1997）	銀行、証券会社、生命保険会社の倒産始まる
12（2000）	英語「第2公用語化」論
13（2001）	英語「教育言語化」論・宮沢財務相「国の財政破局近い」発言
15（2003）	文部科学省「英語が使える日本人」の育成のための行動計画

（作成：大谷泰照）

は、かつて森有礼がとった外国語教育奨励の方針を大きく転換して、国語尊重論を説く教育政策をすすめる。

この頃から学生の語学力も低下の傾向が目立つようになった。たとえば森鷗外は明治35年に講演「洋学の盛衰を論ず」（3月24日、於小倉偕行社）のなかで、もはや日本が西洋から学ぶものはほとんどないとうぬぼれる風潮を指摘して、学生の語学力も「十数年前に比して、劣るとも優らざるに似たり[5]」と述べている。また夏目漱石も、明治44年に雑誌『学生』（1－2月）に「語学力養成について」を書き、井上文相の政策に触れながら、最近の学生の語学力が明治の初めに比べて著しく低下したことを嘆いている。明治27、28年の日清戦争、明治37、38年の日露戦争と、国家主義が最高潮の時期をむかえる。

このように、明治の初めの約20年間が英語一辺倒の欧化主義の時代とすれば、それに続くほぼ20年はすでに鹿鳴館時代が終わり、英語に対する反発の強まる国家主義の時代である。明治初年から明治40年頃までのこの40年ばかりを、「親英」と「反英」の第1回目のサイクルと考えることが出来る。

●第2回「親英」「反英」のサイクル

大国相手の2つの戦いに勝利を収めると、日本人の姿勢はまたもや大きく変化する。明治の末期から大正にかけてのいわゆる大正デモクラシーの時代を迎え、再び海外への窓が大きく開かれ、欧米に対する急接近の風潮が強まる。外国語は、それまでの英語だけでなく、ドイツ語、フランス語、ロシア語、さらに当時は支那語といわれた中国語の学習熱が高まり、それぞれの言語からの翻訳書が街にあふれた。

明治の20年代以後は、東大のラフカディオ・ハーン（Lafcadio Hearn）と夏目漱石の例のように、御雇い外国人を解雇して、後任に日本人を据えることが多かった。しかし、大正になると、再び欧米人教師が日本の教壇に迎えられる例が目立つ。たとえば、大正11年にはロンドン大学からハロルド・E・パーマー（Harold E. Palmer）が文部省の英語教授研究所の所長として招かれ、日本の英語教育の大改革を行うことになる。明治の後半には考えられもしなかったことである。

ところが、昭和に入る頃からまたまた様相は一転して、昭和2年には東京帝国大学教授藤村作の英語教育廃止論が出て反響を呼ぶ。年とともに次第に英語教育排斥の動きが強まり、昭和6年には、中学校の英語の週当たりの授業時間数も、1、2、3学年に限ってみると、大正期のそれぞれ6、7、7時間から、それぞれ5、5、6時間にまで削減されてしまった。昭和10年になると、文部省は高校や大学予科で使う英語教科書の規制まで始める。たとえば、思想関係、恋愛関係のものは使用不可とされ、トマス・ハーディ、ジョン・ゴールズワージー、オールダス・ハクスレー、ジェイムズ・ジョイスなどが使用禁止書目になった。

このようにして、再び国家主義的傾向が次第に強まり、ついには日中戦争、太平洋戦争に突入し、英語は「敵性語」となってしまう。昭和17年、高等女学校の英語は必修からはずされて随意科目となり、18年には中学校の1、2、3学年の英語の週授業時間数はそれぞれ4、4、4（しかも3学年は選択科目となる）時間にまで縮小され、昭和19年には英文科を廃止する大学まで出始めた。幕末の「夷狄斬るべし」の攘夷運動さながらに、「見敵必殺」をスローガンとする対英米戦争の時代となった。

欧米への傾斜を再び強めた明治末期から大正期にかけての約20年、それに続いて英米を「鬼畜」と呼び、英語の教育を抑圧した戦時を経て敗戦にいたるまでの昭和前期の20年、この合わせて約40年を「親英」と「反英」の第2回目のサイクルとみることが出来る。

●第3回「親英」「反英」のサイクル

昭和20年8月、ポツダム宣言を受諾して敗戦をむかえると、それまでのわれわれの英語に対する強い反発は、またもや手のひらを返したように英語一辺倒に急転する。敗戦直後に出た『日米会話手帳』（東京・科学教材社、昭和20年10月1日、80銭）は、わが国空前の大ベストセラーとなり、昨日まで「鬼畜米英」「敵性英語」を唱えていた日本人は、敗戦の一夜を境にして「一億総英語会話」に急変した。

この変わり身の速さは、あるいはわれわれ日本人の1つの国民性であるのかもしれない。敗戦後は、明治初期の「親英」の時代そのままに、再び外国語国語化論がとび出すことになる。昭和21年、それまで日本語で小説を書いて「小説の神様」とさえいわれた志賀直哉が、『改造』4月号誌上で「日本の国語程、不完全で不便なものはない」と述べ、「世界中で一番いい言語、一番美しい言語」のフランス語を日本人の母語にすべきであると提唱している。昭和25年には、「憲政の神様」と呼ばれた尾崎行雄も『毎日新聞』（6月12日）紙上で、日本の民主化のためと称して「英語国語化論」を展開した。いったん戦いに敗れると、国民こぞって、今度は身も心も相手に捧げ尽くそうとするかのような変貌ぶりである。明治の初めとまったく変わらない欧化主義の状況が、再び現出することになる。

昭和22年には、英語が義務教育の新制中学校にとり入れられ、事実上、日本人総英語学習が始まる。昭和24年には、中学校（新制）の1、2、3学年の英語の週授業時間数も、それぞれ6、6、6時間にまで回復するほどの勢いであった。文部省は昭和22年の学習指導要領で、英語の授業時間数について、「毎日1時間1週6時間が英語学習の理想的な時数であり、1週4時間以下では効果が極めて減る」と警告している。

しかし、戦後の日本も、経済的復興が進むにつれて、様子は徐々に変化し始める。昭和30年、加藤周一はそのエッセイ「信州の旅から——英語の義務教育化に対する疑問」（『世界』昭和30年12月）で、「日本語でまにあわないことは、一つもない」と言い切り、日本人中学生に、英語教育を事実上必修化することは「正気の沙汰とは思えない」、「愚民政策のあらわれとしか考えられない」と述べるようになった。昭和33年になると、中学校の英語の授業時間数は「週最低3時間」と定められ、まず下限を示して、時間数は減少の傾向をみせはじめる。昭和44年の学習指導要領では「週標準3時間」とさらに後退し、英語の時間数は出来るだけ3時間にすることが望ましいという行政的「指導」が強まることになる。

高校の英語も、昭和45年には必修科目から選択科目に変わった。昭和49年の自民党の外国語教育改善に関する平泉試案は、「わが国では外国語の能力のないことは事実としては全く不便を来さない」と考え、義務教育で外国語を課することは適当でないとして、「国民の約5%が……英語の実際的能力をもつ」教育を提唱した。昭和52年には、中学校の英語時間数はついに明治以来最低レベルの「週3時間」にまで削減され、英語の履修時間は週3時間を越えてはならないことが厳しく求められた。これは、あれだけ英語教育を抑圧した戦時中の週4時間（旧制中学校）をも下回る時間数であり、さらに世界の主要46か国のなかでも最低の外国語時間数であった。戦後、世界の各国は、国を挙げて外国語教育の拡充・強化につとめているなかで、わが国は、一貫して外国語教育を削減・縮小し続けてきた世界でもほとんど唯一の国であるということが出来る。

イギリス言語教育学会名誉会長のエリック・ホーキンズ（Eric Hawkins）教授は、このような日本の状況について、「外国語学習の重要性については、日本はイギリスよりも深く理解していると考えていただけに、実に驚きである」（... indeed surprising as I thought that Japan recognised the importance of language study more than we did.（１９８１年12月９日、筆者への私信））と信じ難い気持ちを伝えている。

なお、この頃からわが国では、英語の授業時間数の削減とは逆に、外国人に対する日本語教育強化が唱えられ、昭和59年からは、国際日本語能力試験が世界各地で実施されることになった。

さらに昭和60年（１９８５年）、空前の財政・経常赤字に苦しんでいたアメリカは、とくに日本に対して通貨の切り上げを強硬に迫り、日本もまたこれを、さしたる抵抗も示さず受け入れてしまった。いわゆるプラザ合意である。その結果、予想をはるかに超える急激な円高が進行し、昭和60年当時１ドル２４０円であった為替相場は、２年後の昭和62年には１２０円にまで急騰した。わが国の銀行資産は一挙に倍増し、世界の銀行トップ10行のうち、実に７行までを日本の銀行が占めるまでになった。

国中にだぶついたカネは株式や不動産に対する異常なまでの投資・投機熱をあおり、とくに土地の高騰はとどまるところを知らず、東京23区の地価でアメリカ全土が買えるとまで言われた。平成元年には、政府は「ふるさと創生資金」と称して、全国の３３００の市町村にもれなく一律１億円づつを配り、そのカネで金塊を購入したり、純金こけしを作ったり、シャンデリアやグランドピアノのある公衆トイレを設ける市や町まで現れ、いわゆる「ばらまき政治」が国際的にも評判になった。日本全体が、文字通りマネーに踊り、バブルに酔いしれた。

慢心した日本人は「21世紀は日本の世紀」「もはや欧米に学ぶものなし」などと思い上がり、「われわれが英語を学ぶよりも、外国人に日本語を学ばせよう」とまで言い出した。わが国の政治的指導者たちの口からは、それまではほとんど耳にすることのなかった他民族侮蔑発言が次々ととび出すようになり、海外では、たとえば欧州会議の席上などでも、日本人の高慢さ（Japanese arrogance）が厳しく指摘されるようになった。そして平成3年、日本経済は突如、バブルの崩壊に見舞われ、未曾有の大不況に襲われることになる。

敗戦直後には自信を大きく喪失していた日本人が、国の経済発展がすすむにつれて、逆にいささか自信過剰気味にさえなった。戦後は異常なまでに卑屈であったわれわれは、次第に尊大傲慢になりすぎたといってもよいかもしれない。戦後は英語一辺倒であった日本人が、徐々に日本語に回帰を始めたとみることが出来る。

このような敗戦の昭和20年から平成3年までの40数年を、「親英」・「反英」の第3回目のサイクルと考えることが出来る。その前半の10数年を英語一辺倒ともいえる英語蜜月段階の時代とすれば、後半の20数年は英語に対して次第にアレルギーを強めた英語不適合段階とも呼べる時代であった。「自信喪失」に始まり、やがて「自信過剰」へ転じた40数年である。

●第4回「親英」の時代

エズラ・F・ヴォーゲルのご託宣（昭和54年）通りであれば、この国の経済は20世紀末もなお、右肩上がりの成長を続けて、「21世紀は日本の世紀」になるはずであった。ところが、昭和60年を過ぎる頃から、わが国はいわゆるバブル景気に突入し、われわれは、「ジャパン・アズ・ナンバーワン」などと思い上がり、実体をともなわない見せ掛けの好景気に有頂天になり、慢心した。

そして平成3年、そのバブルが崩壊するや、一転、平成大不況がこの国を覆った。まさかの銀行、証券会社、生命保険会社、大手デパートが次々に倒産し、金融界は厳しい再編やリストラを迫られることになる。平成3年当時の大手市中銀行で、今日もそのままの名前で存続している銀行は、ほとんどなくなってしまった。わが国の歴史にも、かつて例をみなかったことである。あわてた政府は、大手銀行に対して、実に総額12兆円を超える公的資金の注入にまで踏み切らざるを得なくなった。そして、平成13年3月には、国家財政そのものについても、宮沢財務大臣自らが、「国の財政破局が近い」と発言するまでになった。

これより先、１９９９年（平成11年）８月１日のアメリカの『ニューヨーク・タイムズ』紙は、その第１面に日本についての大型記事を組み、「今世紀の前半には軍事大国として、後半には経済大国として繁栄した日本が、再び輝きを取り戻すことはない」として、日本の没落に歯止めはかからないとみる論説を載せた。その後、２００２年（平成14年）２月16日のイギリスの『エコノミスト』誌もまた、「日本経済は回復の可能性はない。問題はその崩壊のスピードだけだ。あと数か月か数年で日本経済は完全に破綻するであろう」と報じた。

20世紀末のこのような得意の絶頂から奈落のどん底へのどんでん返しを体験して、今日では「21世紀は日本の世紀」などと本気で考える日本人は、さすがに少なくなった。バブル崩壊とともに、日本の政治家たちの他民族侮蔑発言は、ぴたりと鳴りをひそめた。いささか自信過剰気味であったわれわれは、いまや自信を大きく喪失してしまったといえるかもしれない。傲慢尊大になり過ぎていたわれわれは、今や何とも卑屈になり下がったとさえみえる。

アメリカの当代きっての知日家といわれるマサチューセッツ工科大学（MIT）のジョン・W・ダワー（John W. Dower）教授は、第2次大戦敗戦後の日本社会を分析した大著『敗北を抱きしめて――第2次大戦後の日本人』（*Embracing Defeat: Japan in the Wake of World War II*）によって2000年4月にピューリッツァー賞を受賞した。その際に彼は、戦後46年目の日本が体験した日米経済戦争による「第2の敗戦」に触れて次のように語った。

日本は、かつてナンバーワンであると錯覚した時期があったが、正気の沙汰ではない。どん底状態にある今の日本にアメリカがまったく同情しないのは、当時の傲岸不遜な態度が原因だろう。(6)

そんな日本で、この数年、再び目立ちはじめたのが英語に対する異常なまでの急接近ぶりである。平成12年1月、小渕首相の私的諮問機関「21世紀日本の構想」懇談会は、英語をわが国の第2公用語にすることを検討しようという衝撃的な報告書を出した。「社会人になるまでに日本人全員が実用英語を習得する」ことを目標として、「公的機関の刊行物は和英2か国語で作成することを義務づけ」ようとするものである。バブル崩壊以前には考えられもしなかったことである。懇談会の河合隼雄座長によれば、報告書作成の段階で、英語を事実上の第1公用語とするシンガポールの「建国の父」といわれるリー・クアンユー（Lee Kuan Yew）上級相に面会して教えを乞い、「シンガポールの実状などを見聞するうちに気持ちが変わった[7]」結果、英語の第2公用語化の提案に踏み切ったという。

その頃から日本国内で、日本語を使わないで、英語を日常の授業用言語とする小学校、中学校が現れ始めた。平成13年に入ると、日本の一般の学校教育においても、可能な教科から、授業用言語を現在の日本語から英語に切り替える必要を説く声が、公的教育関係機関の中からさえ出始めた。平成14年には、小学校、中学校、高校の一貫校を作り、国語と社会以外はすべて英語で教える自治体も現れ、これを構造改革特区の成果として、小泉首相は平成17年1月の施政方針演説でとり上げたほどである。

このような平成の英語「第2公用語化」論や英語「教育言語化」論は、日本人の国際的姿勢が自信過剰の「反英」から、自信喪失の「親英」に転じた途端に浮上してくるという点で、明治以来、繰り返し現れた英語「国語化」論の場合と軌を一にするものとみることが出来る。言い換えれば、過去の英語「国語化」論が異文化との決定的な衝突、すなわち薩英戦争・馬関戦争や太平洋戦争という軍事的衝突による「敗戦」の産物であったと同様に、平成の英語「第2公用語化」論・英語「教育言語化」論もまた、プラザ合意に象徴される日米経済戦争という経済的衝突における日本の「第2の敗戦」の産物であると考えることが出来る。

そして、同時にこのことは、日米経済戦争の「敗戦」によって、われわれはまたもや、飽きることもなく、明治以来第4回目の「親英」「反英」の新しいサイクルに足を踏み入れようとしていることを意味する。しかし、われわれの間には、そんな自覚は、この期に及んでなお、ほとんどみられない。そんなわれわれには、当然ながら、第4回目のサイクルに踏み込もうとするこの際、過去3回のサイクルを振り返り、その教訓に学ぼうとする姿勢もまたほとんど認められない。「歴史は繰り返さない、もし人が歴史に学ぶならば」というあの先人の教えは、われわれにとっては、まったく無縁のものであるかのようにさえみえる。

〈2〉国民的カルチャー・ショック

●「親英」と「知英」

「親日家」と呼ばれる人たちがいる。日本の自然や文化に特別の好意をもち、時には『私は日本人になりたい』などという本まで書く。日本人の生活に器用にとけこみ、一般の外国人ならとても我慢できないナットウやシオカラなども平気で食べたりする。

われわれが、こんな「親日家」に好意や親しみを覚えるのも無理はない。たしかに、彼らは何かにつけて日本びいきである。対外貿易摩擦や歴史認識問題などが深刻化すると、ついこんな「親日家」がもっと増えてくれたらと希う気持ちにもなろう。その昔、田中角栄首相が渡米した折に、当時の金で1千万ドルをアメリカの大学にばらまいて彼の地の大学関係者たちを驚かせたのも、その後、とくにアメリカの諸団体に対して日本企業の大口寄付が相次いだのも、あるいはそんな希いを託してのことであったのかもしれない。

しかし、いわゆる「親日家」が増えてくれることが、一般に考えられているほどわれわれにとってプラスなことなのかどうかは、いまいちど立ち止まって考えてみる必要がありそうに思われる。少なくとも、国際的な相互理解のためにわれわれが本当に必要とするのは、日本びいきで、気心が知れて、話が簡単に通じる、いわば日本人のコピーのような「親日家」ではないはずである。むしろ、たとえナットウやシオカラは好きになれなくとも、こんな奇妙なものを好んで食べる民族がこの地球上に存在するという事実を、冷静に受け止めることが出来る人々をこそ、われわれは必要としているのではないのか。

これは言い換えれば、文化的尺度の多様性や相対性に目覚め、彼らの目には奇異に映るかもしれないわれわれの生活や文化を、出来るだけ偏見にとらわれず、ありのままに認めようと努める人々である。いうなれば、「親日家」ならぬ「知日家」たちである。そんな覚めた目をもつ「知日家」たちこそ、日本の中にのめりこんだ「親日家」たちが見逃しがちなわれわれの盲点や問題点を、厳しく見据える貴重な目をもっていることが多い。

同様のことは、立場を変えて外国語を学ぶ日本人の姿勢についても言えそうである。今日、わが国の中学校や高校で、英語教員がかかえる最大の悩みの1つは、英語が不得意で「英語嫌い」の多くの日本人学習者たちを、いかにして「英語好き」にするかという問題である。「英語好き」の学習者をつくることが、英語教員の責務であるかのように考えられている。

しかし、はたして本当にそうなのか。英語教員の本来の役割は、英語という特定の言語の愛好者や支持者を育てるというよりも、おそらく、英語やその文化について、学習者に新鮮な関心と出来るだけ偏りのない理解をもたせることではないのか。それは、単に英語という特定の言語だけでなく、ひいては異質の言語・文化一般に対してわれわれの目を見開かせることにも通じるはずである。「親英」

よりも、むしろ、いわば覚めた目の「知英」を目指す教育である。その結果として、もちろん英語やその文化に好意をもつ学習者が育つことはあり得る。

ところが、わが国の現状はそうではない。他の先進諸国では一般に、学習者は複数の外国語の中から履修外国語を選択出来るのに対して、わが国の学習者には事実上、そんな選択の自由はほとんどない。ただ、定められた英語1言語が、一方的にあたえられるだけである。それでいて学習者は、好むと好まざるとにかかわらず、等しく「英語好き」になるように期待される。これは一種の「親英的教育」であり、「英語支持者教育」とさえ言うことが出来る。

こんな「親英」一辺倒教育からは、英語もまた世界の数ある言語の1つであるとみる覚めた「知英」的視点が欠け落ちるのは無理もない。多様な価値に目を見開かせるはずの外国語教育本来のあり方からみると、わが国のこの現状は、いかにも異様な光景と言わざるを得ない。

●「親英」と「反英」

戦前の「親日」的アメリカ人のなかには、日米戦争が始まった途端に日本にそっぽを向いて、簡単に「反日」に転じた人たちが多かった。1907年創立のアメリカの親日団体ジャパン・ソサエティからも、日米開戦と同時に脱会者が相次いだ。しかし、ルース・ベネディクト（Ruth Benedict）やドナルド・キーン（Donald Keene）やエドワード・サイデンスティッカー（Edward Seidensticker）などのいわば「知日」派アメリカ人たちは、逆に戦争の開始によって日本語や日本文化への関心を深める結果となった。

一般に、言語・文化的関心に支えられた覚めた目の「知日」派に比べて、心情的好みが加わった「親日」派の場合は、政治的・経済的ないわば外的変化に、より敏感に反応するように見受けられる。その意味では、「知日」に比べた場合、「親日」は意外に簡単に「反日」に転ずるという皮肉な傾向がある。

これは、日本人の対外国（語）姿勢にもはっきりと表れているようである。たとえば、先に挙げた大学新入生に対する母語願望調査の結果もそれを明瞭に示している。昭和36年当時は完全に英語一辺倒であったものが、年を追って日・英語の差が縮まり、やがて日・英語が同率となり、平成に入ると、ついに日・英語の立場は完全に逆転してしまった。かつての英語に対するあれほどの一辺倒が、政治的・経済的状況の変化につれて、簡単に英語に対する冷淡さに転じてしまった。

このような英語願望の減退も、学習者が日本語にいくらか自信を取り戻しただけのことで、彼らがそれぞれの言語に固有の価値に着目した結果ではない。それというのも、学生の母語願望調査の結果では、日本語願望と英語願望は、合計するとこの40年以上もの間、ほぼ一定して80％強を占めていて、それ以外の言語に対する関心は非常に希薄である。彼らの大国語志向、あるいは中央語志向は一貫して変わっていないのである。

このような日本人の体験がわれわれに教えているものは、目先の時流に押し流されない外国語との付き合い方であろう。おそらくそれは、「一辺倒」とも「反発」とも無縁な、その2極を超えたところにしか求められないものと思われる。それはとりもなおさず、心情的「親英」や「反英」を超えた、いわば覚めた目の「知英」の付き合い方以外にはないはずである。

●カルチャー・ショック

人間は一般に、それを取り巻くさまざまな文化的制約から、完全に自由ではあり得ない。そのために、慣れ親しんだ環境から、一歩でも新しい環境へ足を踏み入れると、われわれは必ずといってよいほど、一種の心理的衝撃を経験する。これを文化人類学ではカルチャー・ショックと呼ぶ。このカルチャー・ショックの考え方を最初に提唱したのは、アメリカの人類学者カラーヴォ・オーバーグ(Kalervo Oberg) であった。(8) 1954年のことである。

文化的環境の違いに由来するこのようなショックは、程度の差こそあれ、日常的に個人相互の関係にも、地域間の移動の際にも、さらには国境を越えての相互接触の場合などにも広く認められる現象である。

いうまでもなく、われわれが経験するこのショックの度合いは、個々人が置かれた条件の違いによって、決して一様ではない。それにもかかわらず、ショックのプロセス自体には、明らかに一定の傾向が認められる。ハワード・リー・ノストランド（Howard Lee Nostrand）は、カルチャー・ショックをそのプロセスにしたがって3つの段階に分ける。(9)

第1の段階は「蜜月」段階。この段階では、期待と好奇心にかられて、新しい環境のすべてが、実際以上にすばらしくみえる。いわば過大評価に傾く段階である。反面、それ以外の環境は実際よりも色あせて、かすんでみえるのが一般である。男女間でいえば、これは甘く楽しい婚約から新婚の時代であり、地域間を例にとれば、希望に胸をふくらませて地方から上京してきたばかりの大学新入生や、あるいはあこがれの外国に到着したばかりの留学生や観光客がこれにあたる。

とすれば、例の「百聞は一見に如かず」ということわざ自体もまた、必ずしも一般に考えられているような「真理」とはいいにくいことが理解されよう。しょせん、われわれの最初の「一見」など、往々にしてずいぶんとバイアスのかかった、あてにならない「蜜月」段階の「一見」でしかないのである。

女性の美しさをいう古いことわざに、「夜目遠目笠の内」がある。夜見る女性、遠方から見る女性、笠をかぶった女性が実際より美しく見えるというのも、相手のありのままの姿がまだはっきりとは見えにくい、いわばカルチャー・ショックの第1段階、すなわち過大評価に傾く段階なればこそなのである。しかし、この「蜜月」段階でのわれわれの反応は、多分に衝動的性格が強く、一般にそれが長続きすることはまずない。

　これに続く第2の段階が、最も困難な不適合段階である。身についた慣習の違いからくる不適合が目立ち始め、ひいては新しい環境に対する反発・敵意さえ強まる。完全な拒否反応を示すことさえ少なくない。新しい環境のすべてが実際以下につまらなくみえ、さらに、その反動として、古い環境に対する郷愁や美化の傾向をともなうことも大きな特徴である。新しい環境に対する、いわば過小評価の段階である。特に、「蜜月」段階での期待が大きければ大きいほど、この第2段階の不適合も、逆に深刻になる傾向が強い。

　夫婦間でいえば、新婚時代が過ぎて倦怠期にいたる時期にあたり、この時期に離婚率が増大する。入学間もなく「五月病」にかかって故郷ばかりを懐かしむ学生、異国の地で異質の環境からくるストレスに苦しみ、自室に閉じこもって日本の古新聞ばかり眺めている留学生などは、みなこの第2段階の症状である。なお、五月病が、四月病でも六月病でもなく、とくに「五月」病であるのは、4月の新入学生や新入社員が、新しい環境に対する幻滅を味わってカルチャー・ショックの第2段階に至るのが、ほぼ1か月後であることによると考えられる。当然、新学年の開始が9月のアメリカの学校では、一般に「五月」病が問題になることはない。

　この苦しい段階をのり越えて、はじめて開けるのが第3の適応段階である。人によっては諦めという消極的な姿勢、言い換えれば「忍耐」によって、また人によっては、文化的多様さに目覚め、それを相対的に見直そうとする積極的な姿勢、言い換えれば「知恵」によって、適応の域に達する。新しい環境を比較的冷静に、ありのままの等身大評価が可能になる段階である。

　われわれが異質の文化と接触する場合には、このようなカルチャー・ショックのプロセスをたどるのが一般的であるが、そのカルチャー・ショックは、さらに、年齢や文化差や滞在期間などによってショックの度合いは多様に異なる。たとえば、新しい環境に対して高い順応性をもつ年少者よりも、文化的個性が確立した年長者の場合に、ショックはより顕著に現れる傾向が強い。相互の文化的距離の小さい場合よりも大きい場合に、ショックはより厳しく、「適応」の達成はより困難となる。滞在期間も、比較的短期の「蜜月」段階で終わって好ましい印象をもち続けるものもあれば、逆に、不適合段階に終わって、終生、好ましくない印象をもち続けるものもある。

　以上のように考えてくれば、たとえば次々に出版される海外旅行記の類ひとつをとってみても、類似文化圏を扱ったものと異質文化圏を扱ったもの、若者が書いたものと年配者が書いたもの、さらには数週間のホームステイや観光旅行の印象記と長期間にわたる在留記では、それぞれに別個のカルチャー・ショックの光に照らして読まれる必要があることが理解されよう。

　しかし、われわれはこのような現象に、従来あまり注意を払うことがなかった。海外印象記といえば、執筆者の国と訪問国との文化的距離も、執筆者の年齢も、さらには滞在期間でさえも区別なく、全く同列に考えることが多かった。たとえば、夏目漱石と内村鑑三が、それぞれの留学体験から得たまるで対照的な欧米観も、このようなカルチャー・ショックの光に照らしてみれば、これまでとはいくらか違った解釈が可能になるかもしれない。

●漱石・鑑三・ハーン

夏目漱石が、イギリス留学の結果、極端なイギリス嫌いになったことはよく知られる。『文学論』(明治40年)では、イギリス人を狼にたとえたり、「倫敦に住み暮らしたる二年は尤も《ママ》不愉快の二年なり[10]」「自己の意志を以てすれば、余は生涯英国の地に一歩も吾足を踏み入るゝ事なかるべし[11]」とまで言い切っている。漱石は、ついにイギリスでの適応段階は望めなかったけれども、しかし、彼の日記・手紙類を調べてみると、その彼にさえ、実は留学当初の一時期、イギリス人やイギリス社会を手放しに讃美した「蜜月」段階があったことがよく分かる。

明治33年10月28日にロンドンに着いた漱石は、12月26日の鏡夫人にあてた手紙では次のように書いて、当時の日本人の浅ましい状態に引き比べて、イギリス人の秩序正しさや、人を信用するに厚い態度に、感嘆の声をあげている。

当地のもの一般に公徳に富み候は感心の至り汽車抔にても席なくて佇立して居れば下等な人足の様なものでも席を分つて譲り申候日本では一人で二人前の席を領して大得意なる愚物も有之候……日本で小利口な物どもが汽車を只乗つたとか一銭だして鉄道馬車を二区乗つたとか縁日で植木をご

まかしたとか不徳な事をして得意がる馬鹿物沢山有之候是等の輩を少々連れて来て見せてやり度候[12]

しかし、漱石の「蜜月」段階はこの頃までで、年が明けて3月13日付け日記は、一転「英国人の不品行なる日本人に勝るとも劣るべからず[13]」と、すでに不適合段階に入った兆しを明瞭に示している。必ずしも自ら進んで渡英したとはいえない漱石は、ロンドンの留学期間の大半を、ひとり下宿にとじこもって読書と執筆に明け暮れて、少なくとも不適合段階を自ら乗り切ろうとする意欲は感じられない。五高教授という社会的地位もあり、33歳という歳になってからの、2年3か月の滞英であったことも心得ておかねばならないであろう。

これに対して内村鑑三は、23歳の若さで、自ら進んでの3年4か月の滞米であった。彼は、漱石とは対照的に、積極的にアメリカ社会の中に入り込み、異文化への適応を比較的容易に果たしたが、彼にとっての問題はむしろ、アメリカから日本に帰国した際の、いわゆる復帰ショック（reentry shock）であった。これは、久しぶりの故国で経験するいわば裏返しのカルチャー・ショックである。「愛国者」であるはずの彼が、同時に「今日の日本に生まれ来たりしを悔ひたり[14]」を書いたり、日本での不適合に苦しむたびに、逆にアメリカへ帰りたいと願って、アメリカの友人たちに「望郷」の念を書き綴っていたのは、その表れと考えることが出来るであろう。

海外へ出かけた日本人だけではない。海外からこの日本へやって来た外国人についても、彼らが異文化に直面することによって体験する心理的衝撃に対して、われわれはこれまで十分な理解を示すことはあまりなかった。たとえばラフカディオ・ハーンは、日本の魅力にとりつかれた熱烈な親日家とみる見方が、この国ではいまも一般的である。たしかに、日本女性を妻とし、日本に帰化までした欧米人は、今日でさえさほど多くはない。

ハーンにとって、来日直後の松江時代は、いうまでもなく文字通りの「蜜月」段階であった。彼はこの時期にはたしかに、日本について「ここで西洋人が感ずる精神の安楽感、快適感は他に比べるものがない[15]」(『知られざる日本の面影』)と書き、日本人のことを「この宇宙で、最も愛すべき四千万の人々[16]」(同上)とまで言っている。しかし、そのわずか2年後には、早くも彼は「当地の百姓や身分の低い人間たちを知った今、かつて日本人はみんな天使ででもあるかのように書いたことを思うと気も狂いそうだ[17]」(同上)と、異文化に対する自らの幻滅ぶりを認めている。来日4年目には、東京帝国大学のチェンバレン(Basil Hall Chamberlain)にあてた手紙で、「自分は、このひどい土地を楽園のように書き、ひどい人間達をまるで天使か神々のように書いていたことに気づきました[18]」とさえ述べて、ハーンにも、この日本に対する厳しい不適合の段階があったことを示している。

●外国語アレルギー

今日、わが国の英語教師がかかえる大きな悩みの1つに、学習者の「英語アレルギー」の問題があ

［表２－３］中学生の英語学習調査

	英語の学習に興味がありますか		英語はむずかしいですか	
調査時期	ある	ない	むずかしい	むずかしくない
1年生 5 月	98％	0％	0％	95％
1年生 10 月	80％	5％	33％	32％
2年生 9 月	45％	19％	62％	10％

る。中学生は入学当初、どの学科目にもまして、初めて学ぶ英語に対して強い興味を示す。ところが1、2年もたたないうちに、教師は自らの手で、折角の「英語好き」の彼らを立派な「英語嫌い」に仕立ててしまうといわれる。この「英語好き」をいかに減少させないで維持するかが、今日の中学校英語教育の大きな課題と考えられている。

［表2―3］は、羽鳥博愛による学習段階別にみた中学生の英語についての意識調査の結果である。[19] 調査時期は、今日に比べて、中学入学以前に英語を学ぶ子どもたちのまだ少なかった昭和40年代末である。

この調査によれば、中学生は入学直後（5月）には、英語の学習に興味をもたないものはいないし、英語を難しいと考えているものさえ全くいない。ところがこのような中学生が、それから1年半もたつと、英語に対する興味は急速に減退する。

たしかに、興味の失せたところに、十分な動機づけを期待することは困難に違いない。しかし、この「英語嫌い」は、はたして一般に考えられているほど簡単に一掃出来るものであろうか。これは、他の教科とは異なる異言語・異文化学習の特殊な性格と深く関わっていることを忘れてはならない。

いったい、学校教育のすべての学科目のなかで、およそ英語ほど日本人の環境・習慣から遠くかけ離れているものはない。言い換えれば、英語は、数ある学科目のなかで、学習者自身の言語や文化で学ぶことの出来ない唯一の学科目である。英語の学習は、学習者の慣れ親しんだ尺度とはまったく異質の新しい尺度に目を見開こうとする学習である。それであればこそ、英語は学校教育科目としての存在意義をもつとさえいえる。これは、とりもなおさず、異文化間の衝撃的効果をねらった学科目なのである。

とすれば、英語という異言語・異文化の学習が、カルチャー・ショックの正常のプロセスを最も顕著にたどったとしても、それは少しも不思議でない。英語入門期の「蜜月」段階を経過した学習者が、その後に一度は不適合の段階を体験するのは、避けて通れぬいわば異言語学習的ハシカであって、むしろ健全な発展の一過程と考えるべきである。後に英語教師・英文学者となった漱石でさえも、中学生時代には、「英語と来たら大嫌ひで手に取るのも厭な様な気がした」（『落第』）と言うほどに、重度の「英語アレルギー」に苦しんでいたことを思い出す。

W・ペンフィールド（W. Penfield）などの神経生理学者たちの報告によれば、自然な環境以外の環境で外国語を学習する場合、最も適当な学習年齢、いわゆる臨界期はほぼ4歳から10歳までの間であるという[20]。この段階では、まだ新しい言語に対する適応性が強く、しかも母語も、強力な言語的干渉を及ぼすまでには確立されていない。ところが、一般にわが国の学校英語教育は、生徒の外国語学習に最も適したこの時期が終了するのを待つかのように、12歳（中学1年）という年齢になって初めて開始される。その上、日本語からみて英語は、おそらく多くの外国語のなかでも最も異質性の高い、いわば言語的距離の大きい言語の1つであるということが出来る。このようにみてくると、われわれが英語を学習する際に出くわすカルチャー・ショックとは、本来、決してそれほどなまやさしいものではないはずである。

考えてみれば、結婚の場合であれ、海外在住の場合であれ、あるいはまた外国語学習の場合であれ、今日のわれわれの考える「蜜月」段階は、一般にあまりにもカッコよい華やかな夢に支えられていることが多い。今日のわれわれは、時代とともに、むしろ次第に「適応」に至るための「忍耐」も「知恵」も失い、異文化理解の必要が叫ばれるのとは逆に、その理想から次第に遠ざかっているようにさえ思われる。たとえば、夫婦間「文化」の相互理解については、時代とともに離婚という「不適合」段階での挫折が増大している事実にはっきり現れている。近年の外務省の外交白書『わが外交の近況』によれば、国際化といわれる今日、日本人は、むしろ戦前の日本人に比べると、はるかに外国不適応が高くなっているという。

外国語の学習についても、先の表からも明らかなように、中学校1年生の実に100％近くが英語の学習など難しくないと思い込んでいる。『1か月で身につく英会話』や『英語が1週間で喋れる本』などの出版物に彼らが群がるのは、それをよく示している。母語ならぬ2番目の言語を、臨界期を過ぎた12歳という年齢になって、しかもいわば抽象的な環境のもとで、その上、母語の場合とは比較にならないほどわずかな時間で行う外国語学習の困難などには、ほとんど思い至らない。それは、ちょうど、白衣の天使にあこがれながら、看護士労働の厳しさには思い及ばない少女の例にも似ている。ことの本質的理解のすっぽりと欠落したこの種の皮相的な興味が、強い忍耐を要する地味な訓練に直面して無残にも崩れ去るのは、理の当然ともいえる。

知日派アメリカ人の1人ジャック・スアード（Jack Seward）は、その著『アメリカ人と日本人』（*The Americans and the Japanese*, 1976）のなかで、彼の35年にわたる日本語学習の体験を語っている。[21]それによれば、彼は戦時中、米軍の陸軍専門教育計画（ＡＳＴＰ）の日本語学校で、2年半にわたって、毎日10時間もの厳しい日本語の集中訓練を受けたという。このＡＳＴＰ訓練生のなかから、何人もの日本語アレルギーによる発狂者が出たことは以前から伝えられていたが、スアードによれば、この期間中に、彼の10人に満たない小さなクラスの中からだけでも、2人の日本語学習に原因すると思われる自殺者と1人の自殺未遂者が出たという。有能で意欲的な軍人ばかりを選りすぐって訓練生として、そのなかから、キーンやサイデンスティッカーなどすぐれた日本語将校を生み出したＡＳＴＰではあったが、その背後には、これほどまでに厳しく悲劇的なカルチャー・ショックの障壁がひそんでいたことを見落としてはならないであろう。

スアードは当時、滞日25年、日本語・日本文化を研究してすでに35年にもなっていたが、その彼にしてなお、日本語が十分に理解出来ないと思うことが間々あるという。そんな彼の目には、*Japanese in Three Weeks*（『3週間で出来る日本語』）や*Instant Japanese*（『即席の日本語』）などと題した、まるで外国語学習の苦しさなど、どこかに置き忘れてきたかのような本が、いかにも空しく滑稽に映るという。内村鑑三は、その隠れた名著『外国語之研究』（明治32年）で、8項目に及ぶ英語学習心得を説いているが、思えば彼もまた、その項目の第1に、「忍耐なれ」、そして最後の第8の項目に、なお「執拗なれ」と教えている。

学校外国語の学習は、本来、他の教科では望めない異文化間のカルチャー・ショックの体験を、生徒・学生に期待しようとするものである。とすれば、学習者の英語学習が効果的に行われれば行われるほど、それは当然、逆に他の教科の学習の際には考えられない彼らの心理的不適合も、一時的にしろ、強まるという皮肉な結果を生むことを、われわれはあらかじめ覚悟してかかる必要がある。したがって、このような心理的緊張や衝撃をともなう英語学習の「楽しさ」や「面白さ」とは、精神的弛緩を通して得られる寄席の「楽しさ」「面白さ」とは、本来、異質のものであろう。実用主義的・能率主義的傾向の強い現代の生徒・学生に、これが容易にアピールするとは思われないが、しかし、この点の理解を欠いたなまなかの外国語学習や無自覚な海外旅行は、国際理解を増進するどころか、むしろ民族間の誤解を拡大し、偏見を増幅する危険すらはらんでいることに、そろそろ気づいてもよい頃である。

われわれは従来、「英語嫌い」という「不適合」を恐れるあまり、「蜜月」の上にいきなり「適応」を打ち立てようとする無理を重ねてきたようである。しかし、今後のわれわれにとって必要なことは、むしろこの「不適合」の体験を大切にしながら、「蜜月」段階の安易な興味や期待に反省を加え、それを有効に英語学習の「適応」段階に結びつけようとする新しい姿勢であると思われる。

●国民的カルチャー・ショック

カルチャー・ショックのプロセスを忠実にたどるのは、単に個々の生徒・学生の外国語学習だけではない。異質の言語・文化との関わりという点では、さらに広くわれわれ日本人一般の対異言語・異文化意識そのものもまた、カルチャー・ショックの影響から完全に自由ではあり得ないはずである。

明治以来130数年にわたるわれわれの異言語・異文化体験のうち、すでに述べた明治初年から明治40年頃まで、明治40年代から昭和20年まで、そして昭和20年から平成3年までのほぼ40年周期の3回のサイクルは、実はそのいずれも、異言語・異文化に対する日本人の国民的カルチャー・ショックのプロセスそのものであったとみることが出来る。それは、欧米文化に対する過大評価の「蜜月」段階と過小評価の不適合段階という、いわば不安定な第1と第2の段階をいたずらに繰り返し、その度ごとに安定した第3の適応段階、いわば欧米文化をありのままの等身大の姿に評価出来る段階には達していないことを意味する。言い換えれば、政治や経済や、時には軍事に動かされやすい心情的「親英」や「反英」を繰り返し、確固たる言語・文化的関心に支えられた覚めた目の「知英」の域には到達出来ていないということである。これは、わが「国民的作家」漱石の滞英経験の場合を含めて、わが国の多くの生徒・学生の外国語学習の場合とあまりにも酷似している。

しかし、個々の生徒・学生の場合、彼らのカルチャー・ショックのプロセスは、一般に1回きりのサイクルをもって終わるのに対して、われわれ日本人一般は、過去130数年の間に、実に3回にわたってほぼ同様のサイクルを飽きることもなく繰り返し、いま、さらに第4回目のサイクルに足を踏み入れようとしている。そして、それぞれのサイクルからサイクルへの転換点となったものは、いずれも異文化との決定的な衝突、すなわち薩英戦争・馬関戦争であり、日清戦争・日露戦争であり、太平洋戦争であり、そしてプラザ合意に象徴される「日米経済戦争」であったという事実を見落としてはならないであろう。

〈3〉「英語の達人」と「異文化理解の達人」

●異文化との衝突——日本人とドイツ人

軍事的・経済的戦争という異文化との決定的な衝突を体験する度ごとに、われわれは「反英」から大きく反転して「親英」に向かう。しかも、そんな豹変ぶりが、いかにわれわれに特異な反応であるかについて、あらためて自ら意識することさえあまりない。しかし、たとえば、同じく第2次世界大戦の敗戦を体験したドイツ人と比較してみると、日本人の反応の特異さがよくわかる。

第2次大戦中、日本人は対戦相手のアメリカ人やイギリス人を、ことごとに「鬼畜米英」と蔑み、一方、自らの国は「神国日本」と呼ぶほどの思い上がりようであった。ところがドイツ人は、たしかに自らアーリア人種の優越を信じ、ユダヤ人のホロコーストを敢えてする蛮行は犯しながらも、敵対する連合国人を「鬼畜」とは呼ばなかった。

その大戦中、日本では英語は「敵性語」とみなされ、学校の英語教育は極度に抑圧された。昭和19年には、同志社大学や関西大学などのように、大学の英文科まで廃止してしまったほどである。「敵色の根源は英語だ[22]」と信じられていたからである。日本のこれほどまでの「反英」ぶりに対して、ドイツはまるで違っていた。ナチスは対戦国の言語を「敵性語」とはみなさなかった。英語については、その教育を抑圧するどころか、むしろ第1外国語として、敗戦まで戦前同様に教え続けた。フランス語についても、同盟国のイタリアの言語と同等に扱い、敵国語のフランス語の教育をとくに縮小したり禁止することはなかった。

交戦中、一般に日本人ほど極端な「反英」的傲慢に凝り固まらなかったドイツ兵は、たとえ英米軍の捕虜になっても、日本人のように一転して極端な「親英」的卑屈さには変身することはなかった。

戦争中、捕虜の取り調べにあたった経験をもつドナルド・キーンは、ヨーロッパ戦線のドイツ兵捕虜からドイツ軍の機密を聞き出すことは容易でなかったが、日本兵は、いったん米軍の捕虜になると、「相手に取られた将棋の駒のように」「知っていることをすべて自分からしゃべり出した」という。尋問にあたるアメリカ兵がうっかり質問し忘れた時など、日本兵捕虜の方から「地雷原のことは［話さなくて］よろしいんでしょうか」とさえ言って、アメリカ軍に協力したと述べている(23)。

このような日独の対照的なまでの「対英」姿勢の差は、両国の敗戦後にも折に触れて目立つことが多かった。たとえば、戦後直ちにアメリカは、日独の民主化を図るために、両国の教育改革に乗り出した。そのためのアメリカの教育使節団が、1946年3月には日本へ、同年8月にはドイツへ派遣され、実地調査の結果を報告書にまとめた。その報告書に基づき、占領軍は日本に対して、アメリカ式6・3・3・4制の一元的学校教育制度の導入を迫った。日本は、その要求に対してほとんど何の抵抗も示さず、ただ唯々諾々として応じた。ところが、ドイツは違っていた。ドイツは、たとえ武力では敗れても、言論の場では後へ引かなかった。教育については、自らの制度に対する強い自信を失わなかったドイツは、アメリカが迫るアメリカ流一元的学校教育制度の導入には頑強に抵抗を貫き、ついに戦前からのドイツ流多元的学校制度を守り通した(24)。

そんなドイツからみると、早くも敗戦の翌年には、将来の日本国天皇を予定されるはずの皇太子の教育を、日本人教師ではなく、こともあろうに1年前までの敵国アメリカから招いたアメリカ人の家庭教師の手にゆだねて、名前も「アキヒト」でなく、'Jimmy'と呼ばせた日本側の姿勢は、戦争中の日本兵捕虜の場合と同様に、哀れにも卑屈なものと映ったはずである。さらに日本では、当代一流の知的指導者と目されていた人々が、次々に日本語をすてて、代わりに英語やフランス語を国語化するよう提唱した。ところが同じ敗戦国でもドイツでは、ドイツ語をすてて、英語を国語化しようなどという発言は、戦後この方、知的指導者の間から出てきたためしはない。

このようにみると、異文化との決定的な衝突による敗北を契機にして、日本人がみせる「反英」から「親英」へ、自信過剰から自信喪失へ、傲慢から卑屈への極端なまでの変貌ぶりは、基本的には異文化そのものの過小評価と過大評価、つまりは異文化理解の甘さや未熟さに起因するものと考えざるを得ない。昭和26年5月、連合国軍最高司令官を解任されたダグラス・M・マッカーサー（Douglas M. MacArthur）が、アメリカ上院軍事外交合同委員会で行った「文化的に見ると、ドイツ人は45歳の壮年であり、日本人は12歳の少年である」という証言も、こんな日独の異文化理解にみられる成熟度の差を指してのものとみるべきであろう。

●「英語の達人」としての英文学者

日本人の対異文化姿勢の「ゆれ」の大きさは、つまるところは、日本人の異文化理解そのものの貧困に由来するものと考えられる。それは、わが国を代表する知的指導者であり、いわば異文化理解のプロと目されていたはずの文化人たちが、かつて、とりわけ異文化との決定的な衝突の場面で、実際にどのような行動をとったかをみれば、一層よく分かる。

この問題を考えるためには、第2次世界大戦前後のわが国の状況を振り返ってみるとよい。フランス文学の河盛好蔵は、昭和14年5月号の『文学界』で、アンドレ・モーロワ（André Maurois）の「イギリスへ行くフランスの政治家のために」をとり上げ、この文章がフランスの政治家たちにとってイギリスを知る上で、いかに優れた手引きとなっているかを述べている。（「外国語の問題」）

河盛は、それに続けて次のように言う。

ところで我国でも英文学を研究してゐる人の数は夥しいが、当路の政治家に対して、対英外交の要諦をこれだけ教へることのできる人は何人あるであらうか。……大英帝国がさまざまの論議の対象になり始めてゐるのに、我々は未だに英文学者の陣営から、耳を傾けるべき堂々たる一つのイギリス論をも聞かされないやうである。……世の高名な英文学者達が、最も活躍し、最も重要な発言をすべきときに、徒に手を拱いて、イギリスに対するはつきりした態度も示さない、示し得ないといふのは、どう考へても私の腑に落ちないことである。

当時、外国語学習も海外旅行も、日本人のなかのごく限られた一部の人々のものでしかなかったことを考えると、欧米の言語や文化への窓口であり、それについての語り部であったのは、当然、主として外国語・外国文学関係者たちであった。彼らの異文化に関する発言が国民に及ぼす影響の大きさは、とうてい今日の比ではなかった。

しかし、河盛の折角の慫慂にもかかわらず、それに対して英文学者の側からは、ついに何の見るべき反応もなかった。

やがて昭和16年12月8日、太平洋戦争が勃発すると、英語は「敵性語」として排斥され、英米人を「鬼畜」と呼ぶ声が国内では日増しに強まっていった。こんな際にこそ、河盛に言われるまでもなく、英米や英米人のありのままの姿を、国民に正しく知らしめる語り部としての英語・英文学関係者の役割が問われたはずである。しかし、英米を最もよく知るはずの英文学者たちは、総じて世間のこんな動きに抗うどころか、むしろ率先して、そんな世論のアジテーターの役割を演じることさえ少なくなかった。

わずかに、中野好夫（英文学・東京帝国大学助教授）が、時流に抗して次のように発言し続けたのが目立った程度であった。

アメリカ心やイギリス心は、彼らに対する僕等の無知によつて克服しうるものと思つたら大間違ひだ。無知こそ最大の危険であるのだ。英語全廃や削減をもつて米英克服の道だなどと思ふのはとんでもない見当違ひである。(25)

中野は、当時の「敵性語」攻撃の風潮に対しても少しもひるまず、次のように明確な反撃をこころみている。

好きな英語なら自信をもつて、世間の取沙汰など余り気にしないでやるがよい……その成果こそ、やがて英語排斥論などと称する時局便乗論を、実に炳たる具体的事実をもつて一挙に粉砕し去つてくれるものであらう。(26)

なお、その中野は、戦後の昭和40年代半ば、全国に吹き荒れた例の大学紛争のさなかに、関西のある大学で、学生たちとヒトラーの『我が闘争』を英訳本で読んでいた。やはり、相手に対する「無知こそ最大の危険」と考えていたからである。

こんな中野とは逆に、戦時中の英語英文学関係者のなかには、むしろ時勢に迎合し、好戦的な発言を敢えてする人々が目立った。たとえば当時、日本の英文学界の指導的立場にあった大和資雄（英文学・日本大学教授）は、開戦3か月目の昭和17年3月に『英文学の話』（健文社）を出した。彼はそ

の序文の冒頭と末尾の2か所で、それぞれ

屠れ米英　われらの敵だ！
分捕れ沙翁もわがものだ！

のスローガンを特大活字で掲げた。その序文で、大和は「獣性」をもつ米英の「残虐さ」を非難して、「彼等が我国の朝鮮の政治に口幅たいことを言へた義理か？」と問い、「米英を屠る」ために、「大和魂を鼓舞」する必要を説いている。

当時の「本格的英文学者群」に対して、機会あるごとに悪態をついていた自称「英文学界の異端者」の本多顕彰（英文学・法政大学教授）でさえも、日中戦争が始まると、『東京日日新聞』などで「外国人教師をわが国の学校から追へ」と主張し始め、太平洋戦争開戦とともに、『中央公論』昭和17年12月号で、「日本へ来ている外人からは、我々はもはや何ものも教へられるところがない」とまで言い切っている。（『英文学者の悲劇』）

●「英語の達人」としての文化人

同じ頃、とりわけ自らが編集する月刊雑誌によって英米排撃の先頭に立った英文科出身の「英語の達人」がいた。当時の文壇の大御所菊池寛である。

彼を知る鈴木氏亨によれば、菊池は、すでに高松中学在学中から神田乃武の英和辞典をすべて暗記して、「英語の天才」として近郷にとどろいていたという。[27] 一高でも京大でも、彼の英語の力は抜群で、教師をも感嘆させることが多かった。京大在学中に発表した『ヒヤシンス・ハルヴェイ誤訳早見表』はグレゴリー（Lady Augusta Gregory）の作品の日本語訳の誤りを鋭く指摘したもので、プロの翻訳家たちを恐れさせた。すこぶる博覧で、たとえばアイルランドの劇作家ダンセーニ（Lord Dunsany）については、京大の厨川白村がわが国に紹介するより1年も前に、学生の菊池はすでにその作品を読んでいたといわれる。[28] 京大英文科の卒業論文『英国及び愛蘭の近代劇』は、彼のこんな知識の該博さをよく示すものであった。

菊池はやがて、旺盛な文筆活動を開始するが、そのかたわら、『文芸春秋』を創刊し、文芸家協会を設立し、芥川・直木賞を創設し、自ら芸術院会員にも選ばれた。

その彼が、日本の対英米関係が悪化した昭和14年夏に対英問題講演会を開いた。席上彼は、わが国の学校英語教育を俎上に載せて、とくに英語の学習時間数を大幅に削減するよう強く提唱している。彼はその年の『文芸春秋』9月号誌上でも次のように述べている。


日本に於て、中等教育に於てまで、あんなに英語を重視するのか、明治40年以前の西洋文明吸収時代の教育を、今もなほ続けねばならないのか、自分には到底理解することが出来ない。

さらに翌15年春、陸軍の諸学校が英語を採用試験から除外すると、菊池は直ちにそれを支持して、『文芸春秋』5月号に次のように書いた。

陸軍の三学校が、外国語を入学試験から、取り除いたと云ふことは、大賛成である。日本のあゆる学校に於ても、外国語を徐々に取り除くべきであると思ふ。中学校で女学校で、英語の会話などをやつて、一生涯に役に立つ人は、一萬人の中、二、三人ではないかと思ふ。

そして、昭和16年12月に太平洋戦争が勃発すると、早速17年1月号の『文芸春秋』で、菊池は次のような自らの積極的な戦争協力の決意を表明している。

雑誌の経営編集は……国家の国防体制の一翼として国家の意志を意志とし、国策の具現を目標として経営編集せられるべきである……僕以下社員一同はあらゆる私心私情を捨てて、本誌を国防思想陣の一大戦車として、国家目的具現のため直往邁進する決心である。

すでにこれより早く、菊池は自らの『文芸春秋』を、もっぱら英語教育排斥論者側のメディアとして、彼らを積極的に支援してきた。伊庭孝「英語削除の提案」（昭和8年2月）、楚人冠「外国語と芝居気」（昭和9年2月）、藤村作「中学英語科全廃論」（昭和13年3月）などである。

一高でも京大でも、教師をも驚嘆させるほどの英語の学力をもち、しかも英文学専攻でありながら、菊池の英米文化に対する理解は、はなはだ中正を欠いたものであることに驚かされる。彼の英米文学観は次のような発言によく現れている。

およそ日本の新聞などが、シェイクスピアを無条件に担ぎ上げるなど、英国の評価をそのままに受け売りしてゐるのである。日本人で、シェイクスピアを読んで心から感心した人が幾人あるだらうか。日本の文壇にシェイクスピアの影響がどれだけあるといふのだ。（『文芸春秋』昭和10年4月）

およそ文学に関する限り、昔から英米的思想の影響など受けたことは、皆無といってよいのである。日本の文壇は、昔から……米国や英国の文学を認めていないのである……米国の文学などは、その水準において、世界の二流文学である。（同上、昭和17年7月）

菊池は戦時中、日独伊三国同盟を強引に推し進めた陸軍にきわめて協力的であったが、彼の文章にもそれが随所に出てくる。当時の他の総合雑誌では考えられないことであった。

シーザー、アレキサンダー、ジンギスカン、ナポレオンといつたやうな大英雄は、もはや出現の余地はないと思はれた近代史において、ヒットラーのやうな人物が出たことは、一大驚異である……（同上、昭和16年8月）

実際の戦争においては、日本はすでに不敗の地位を占めており、米国がいくら軍備を増強しても、その国民性を鍛へ直さない限り、日本へ侵攻して来ることなど至難であると考へられるが、英国が崩壊する可能性は濃厚である……（同上、昭和17年2月）

本誌は……昨年は陸軍報道部から感謝状さへいただいてゐる。これは総合雑誌中、本誌だけではないかと思つてゐる。（同上、昭和19年3月）

このようにみると、当時、いわばわが国きっての「英語の達人」であり、英語や英米文化を最もよく知るはずの菊池が、実際には英米の実像を大きく歪曲し、英語教育問題を含めて、いかに積極的に当時の国策に順応しようとしたかが明瞭であろう。

●敗戦と「英語の達人」たち

しかし、われわれ日本人は、昭和20年8月15日の敗戦の一夜が明けた途端、一転して、それまでの極端なまでの反米・反英から、今度は極端なまでの親米・親英に豹変した。すでに述べたように、敗戦の1か月半後に出た『日米会話手帳』は、その後1年間で360万部を売る空前の大ベストセラーとなり、「国民総英語会話」の時代を現出した。

あれほどまでに好戦的であり、軍部に協力的であった菊池寛も、敗戦を境に、その発言は次のように急転した。

連合軍の進駐に対して、戦々恐々たる人が多かつた。しかし、自分は相手が民衆に対して非道なことをするはずはないと信じてゐた。が、実際来てみると、自分が信じてゐた以上に、彼らは紳士的である……肩で風を切つていた日本の軍人に比べて、何といふ相違であらう。(『文芸春秋』昭和21年1月)

おそらく、東西の歴史を探しても、こんな無謀な、準備のない、しなくつてもいい戦争を始め、しかもこんな惨敗を喫した国家はないだらう。(同上)

イギリス育ちの日英混血の夫人をもち、かねて英語を家庭内言語としていた尾崎行雄は、昭和25年に次のように日本語に代えて英語を国語とする提唱を行っている。

デモクラシーとか民主主義とかいふが、元来漢字や日本語にはこんな言葉がなかつたから、日本人が民主主義を体得するには今の国語を思ひ切って英語にした方がよい。[29]

尾崎はまた、昭和25年5月、アメリカの日本問題審議会の招待により渡米中、ニューヨークにおける記者会見で、日本の共産化を防ぐために、

日本全国到る所を軍事基地として供与すべきである。それはアメリカから求められて応ずるのではなく日本から提供すべきである。[30]

とまで述べている。

敗戦を境にして、わが「英語の達人」たちの「反英」から「親英」への大変貌は、これほどまでに劇的であった。

戦前、戦中を通して、河盛の厳しい問いかけに対しては沈黙を守った英文学関係者であったが、さすがに敗戦とともに、たとえば中野好夫らから、戦時中の英文学関係者の責任を問う声があがった。

しかし、これに対して、日本英文学会の初代会長で「日本英学界の指導者」と称された市河三喜（英語学・昭和21年まで東京帝国大学教授）は次のように述べて、戦時中の英文学関係者を擁護した。

生命を尚ぶあまり戦争中沈黙を守っていた人、いわば凶器をもつた泥棒に手向いしなかつた者が、一人の例外もなく腰抜けであり、腑抜けであるといい切ることが出来るかどうかは賢明なる読者の判断し得るところであらう。（「英語研究者に望む」『英語青年』昭和23年4月）

●「異文化理解の達人」――開戦時の発言

ところが実は、そんな戦前、戦中の英文学関係者に代わって、当時、文字通り身の危険をもかえりみず、英米のありのままの姿を広く国民に伝えようとつとめた人々がいた。帝国海軍の一部の提督とその周辺の軍人たちであった。本来、大学英文科出身者こそが果たすべきこの役割を、むしろ海軍兵学校出身者が代わって果たしていたということになる。

たとえば、海軍大佐水野広徳は、太平洋戦争が始まると、直ちにわが国の代表的英語研究誌『英語研究』（昭和17年2月号）のために筆を執り、次のように述べている。

我が国に於ては保守的国粋運動が勃然として復興し、外国文化排斥の声が弥や高く叫ばれて居る。曰く中等学校に於ける外国語廃止論、停留所駅名のローマ字抹消論……我が国が徳川幕府時代の半開文明から今日欧米文化と其の水準を争はんとするに至つたのは、率直に公平に言へば其の大部分は英語文化の力に依るものである。即ち英語文化は現代日本文化の母とも云ふべきである。……然るに今や英語文化を敵として大東亜戦争が戦はれつつある。……「彼を知り己を知りて百戦殆ふからず」で、彼を知る為めには先づ彼の言葉を知ることが必要である。将来英語の修得と研究とは決して忽にすることは出来ないと信ずる。(「大東亜戦争と英語」)

「英語の達人」たちでさえも正常な感覚を失ってしまったあの戦時中、平常心と国際感覚とを見事にもち続けた海軍の指導的軍人は、単に水野に限らなかった。

●「異文化理解の達人」——沖縄の戦場で

前大戦末期の沖縄戦は、米陸軍第10軍団（沖縄占領部隊）のS・B・バックナー（S. B. Buckner）総司令官自らが命を落としたほどに熾烈を極め、イギリスのチャーチル（Sir Winston Churchill）首相をして、その『第2次大戦回顧録』（*The Second World War*, 1948-53）で、「軍事史上最も苛烈で、最も有名な戦い」と言わせた激戦であった。この戦闘では、多くの沖縄県民が日本軍守備隊の盾代わりになり、日本軍の手で虐殺されたものも少なくなかった。

そんな沖縄で、海軍沖縄方面根拠地隊司令官大田実中将は、最後まで県民の安全に心を砕いたことで、今も県民の間に広く知られ、敬慕されている。上陸した米軍の包囲網が狭まるなか、彼が自決を前にして、東京の海軍省海軍次官あてに打電した訣別電報（昭和20年6月6日20時16分）は、青壮年男子はいうまでもなく、老幼婦女子に至るまで、沖縄県民がいかに献身的に戦闘遂行に協力したかを述べ、以下のように締めくくられている。

……一木一草焦土ト化セン　糧食六月一杯ヲ支フルノミナリト謂フ　沖縄県民斯ク戦ヘリ　県民ニ対シ後世特別ノ御高配ヲ賜ランコトヲ(31)

牛島満や長勇など、旧陸軍第32軍司令官たちに対する沖縄の厳しい県民感情とは対照的に、豊見城の大田海軍中将自決の地には、県民の協力でいち早く海軍戦没者慰霊之塔が建立された。かたわらの資料館には、大田がしたためた次のようなメモが、今も残されている。

米国ハ排日ヲナシ不都合ナリト責ムル日本人ハ、朝鮮人ニ対シ、台湾人ニ対シ如何ニナシアリヤヲ考ヘテ後、米国ヲ責ムル幾人アリヤ。

●「異文化理解の達人」――日独伊同盟をめぐって

2・26事件以後、陸軍や右翼の横車に頑強に抵抗し、米英戦を回避するために日独伊三国同盟の締結に反対し続けたのは米内光政、山本五十六、井上成美の海軍提督トリオであった。

当時、陸軍を代表する偉材といわれた宇垣一成朝鮮総督は、朝鮮人の完全な日本人化の必要を説き、

日本は神の使ひとして他国まで導き安んじてやらねばならぬ。これが皇道精神であり、天業である。[32]

と考えていた。やはり陸軍の天才戦術家といわれた関東軍参謀石原莞爾も、

東西両文明を統一し……建国以来の大理想を世界に宣揚するのは天業……。世界戦に勝たねばならぬのは、世界人類を救ふ天職の為……[33]

と考え、昭和6年9月、世界統一戦争に向けてまず満州事変を引き起こし、満州国建国を推進することになる。

このような陸軍に対して、海軍の米内光政は、

東西両洋の文明を統一融合して世界の平和を指導するのは、大和民族の使命であると威張るその意気は至極結構だが、地上から足を浮かして雲を摑むやうなウヌボレと空元気では将来は思ひやられる。(34)

と述べて、日本人の思い上がりを厳しく批判した。ヒトラーの『我が闘争』を読んでいた米内は、単に宇垣や石原だけでなく、いわゆる欧州の新秩序を完成することがアーリア人種の使命であるなどと考えるヒトラーのウヌボレに対してもまた批判的で、陸軍の主張するヒトラーのドイツとの同盟にも強く反対し続けた。こんな米内が首相に就くと、右翼団体による米内の暗殺未遂事件が起こった。昭和15年7月初めのことであった。

米内を中心とする海軍上層部の一部は、すでに太平洋戦争勃発以前から、いわゆる「京都学派」と極秘の会合を重ね、戦前は戦争回避のために、開戦後は戦争の早期終結のために、その方途が探られていたことが、近年なって明らかになった。(35) その京都大学の学者グループとは、西田幾多郎、田辺元、時には湯川秀樹たちであったが、その中には英語・英文学の研究者は、ただの一人も含まれていなかった。

山本五十六もまた、昭和11年より14年までの海軍次官在任中、その時間と精力の大半を、日独伊三国同盟の阻止に費やしたという[36]。そんな山本に対して、右翼団体からは、「天ニ代ハリテ山本五十六ヲ誅スルモノナリ」などの暗殺予告が送りつけられた[37]。

山本は、太平洋戦争突入直前の昭和16年9月18日、東京の学士会館で行った講演で次のように話している。

米国人が贅沢だとか弱いとか思うてゐる人が、沢山日本にあるやうだが、これは大間違ひだ。米国人は正義感が強く偉大なる闘争心と冒険心が旺盛である。特に科学を基礎に置いて学問の上から割り出しての実行力は恐る可きものである。然かも世界無比の裏付ある資源と工業力とがあるに於てをやである。米国の真相をもつとよく見直さねばいけない。米国を馬鹿にして戦争をするなどといふのは、大間違ひの話だ[38]。

井上成美は、海軍航空本部長時代の昭和16年1月末、海軍大臣および次官に対して「新軍備計画論」と題する意見書を提出している。それには、「日本ガ米国ヲ破リ彼ヲ屈伏スル事ハ不可能ナリ、其ノ理由ハ極メテ明白簡単」として工業生産力が質量ともにまるで違うこと、その上、明治の頭で昭和の軍備を考えていては勝てるわけがないことが詳細に説明されている[39]。

井上は、昭和17年11月、海軍兵学校校長に着任すると、「外国語の一つも出来ないやうなものは海軍士官には要らない[40]」と明言して、対米英戦争の最中に、陸軍士官学校など陸軍関係学校とは逆に、むしろ英語教育を強化している。辞書も英和辞典の使用を禁止して、英英辞典だけを使わせ、授業も日本語を使わず、教官も生徒も英語だけでやりとりする新しい授業に切りかえてしまった[41]。

彼は海兵校長としては、戦争が激化してもなお最後まで、軍事学（軍事専門）よりも普通学（一般教養）に力を入れ、軍人教育よりも国際人教育を重視した。交戦相手であれ、米英国民の美点は美点として的確に指摘し、右翼の恫喝にもひるまず、皇国史観教育を排し続けた。兵学校の卒業式では、戦時下といえども、軍楽隊が盛大に敵国スコットランドの民謡「オールド・ラング・サイン（蛍の光）」を演奏した。井上が、「名曲は、敵味方を絶して名曲である」と考えたからである[42]。

なお、わが国でヒトラーの『我が闘争』の日本語訳が出たのは昭和12年末のことであった。しかし、当時すでにそれを原典で読んでいた井上は、日本語訳にはヒトラーの日本人蔑視の部分が完全に削除されていることに気づいた。彼は削除部分の訳文を印刷して海軍省部内に配布し、日独伊三国同盟の動きが強まるなかで、ヒトラーの日本接近の真意を取り違えることのないよう注意を促している。その部分とは、世界制覇の夢を追うヒトラーが、日本人は想像力の欠如した劣等民族であって、「模倣のみにすぐれ、反映によってのみ輝く月のような存在」であると述べた数節である。この日本語訳は、実はドイツ語原典の英訳本からの重訳であったが、日本人のヒトラー理解を歪めるそんな翻訳を故意に行った大久保康雄もまた、英語英文学を専門とする高名な翻訳家・米文学者であった[43]。

●「異文化理解の達人」――戦争末期の首相として

海軍大将鈴木貫太郎は、陸軍の手で始めたともいえる太平洋戦争を自ら終戦に導き、陸軍のなお主張して譲らなかった徹底抗戦、本土決戦、一億玉砕の惨禍からこの国を救った首相として記憶されている。この鈴木の国際感覚をよく示しているのが、大正7年、アメリカのロサンゼルスの日本人会で行った次のようなスピーチである。

君たちは本国を去つてアメリカに来てゐる。アメリカの保護に委嘱してゐる。その地にゐる人はその地に尽くすといふ重大な責任がある。だから君たちは日米戦争が始まつたから日本に帰つて忠節を尽くさねばならんとか、この地にゐて日本のためにやらうなどと考へるなら、初めからアメリカに来なければよかつたのだ……この土地にゐてこの土地に尽くし、日本のことを忘れよとはいはぬが、この土地この土地の風習をよりよく学んで日米戦争の起こらないやうに努力し、将来君たちの子孫が大統領にでもなることを考へたらどうだ[44]。

第2次世界大戦末期の昭和20年4月12日、対戦国アメリカのルーズヴェルト（Franklin D.

Roosevelt）大統領が急死した。2日後の『朝日新聞』は彼の死を次のように報じた。

ルーズベルトが死んだ、あつけなく死んでしまつた、騒ぐのは大人気ないが国民は何か小気味よさを感じるのだ。

しかし、時の総理大臣、鈴木貫太郎はメッセージを発表して、ルーズヴェルトの政治的功績を認め、「深い哀悼の意をアメリカ国民に送る」と述べた。これが、同盟通信を通して海外に伝えられると、欧米では大きな反響を呼んだ。

4月15日の『ニューヨーク・タイムズ』は、次のような鈴木首相の発言を報じた。

私は、ルーズヴェルト大統領の極めてすぐれた指導力が今日のアメリカの優位をもたらしたと認めざるを得ない……従って、大統領の死が、アメリカ国民にあたえた重大な損失を思い、アメリカ国民に深甚なる哀悼の意を表するものである。(45)

そして、この哀悼の辞は、「新首相〔鈴木首相〕のような度量の大きい人物のことばとしては、少しも不思議ではないと直ちに納得できた」と『ニューヨーク・タイムズ』の記者はつけ加えている。

また、中立国スイスの『バーゼル報知』は、その社説で鈴木首相の発言を取り上げ、次のように評している。

敵国の元首の死に哀悼の意を捧げた、日本の首相のこの心ばえはまことに立派である。これこそ日本武士道精神の発露であらう。ヒトラーが、この偉大な指導者の死に際してすら誹謗の言葉を浴びせて恥じなかつたのとは、何といふ大きな相違であらうか。連日にわたつてアメリカ空軍の爆撃にさらされながら、敵国アメリカの元首の死に哀悼の意を表することを忘れなかつた日本の首相の礼儀正さに深い敬意を表したい。(46)

折から、アメリカに亡命中のドイツのノーベル賞作家トーマス・マン（Thomas Mann）は、故ルーズヴェルトに対して、なお節度を欠いた呪詛のことばを繰り返すヒトラーと対比して、次のように鈴木首相に触れて、日本人の品位と騎士道精神を称えるラジオ放送を故国ドイツに向けて行っている。

ドイツ人諸君、日本帝国の総理大臣が故人［ルーズヴェルト］を偉大な指導者と呼び、アメリカ国民にこの喪失に対する日本国民の哀悼の意を表明したことに対して、諸君は何といいますか？

これは呆れるばかりのことではありませんか。日本はアメリカと生死をかけた戦争をしています。野心的な封建君主のグループが、日本をこの戦争に導いたのです。しかしこの階層の危険な支配が、道徳的な破壊と麻痺を醸成し、ちょうど私たちのあわれなドイツで民族社会主義がやってのけることができたと同じように、国を零落させたのだなどというのは、はなはだしい見当ちがいです。あの東方の国には、騎士道精神と人間の品位に対する感覚が、死と偉大性に対する畏敬が、まだ存在するのです。(47)

そして、それから4か月後、陸軍の総力をあげての抵抗を押し切って、敗色一方の大戦を収めるという、いわば終戦の「偉業」を成し遂げた鈴木貫太郎は、そのために陸軍の軍人たちによって自宅を焼き討ちされ、敗戦の翌日からは、刺客の目を逃れて、ひそかに身を隠さざるを得なかった。(48)

このように考えると、文字通り狂信的な国粋主義の時代に、身の危険をもかえりみず、揺らぐことの少ない平常心と広い国際的視野をもち続けたこれら海軍提督たちは、時流に乗って豹変する「英語の達人」たちをはるかに超えた「異文化理解の達人」たちであったと認めざるを得ない。

●「親英」「反英」のサイクルから「知英」へ

われわれは、幕末以来今日まで140余年の間、異文化に対して卑屈ともいえる自信喪失の「親英」の時期と、一転して尊大ともいえる自信過剰の「反英」の時期の、いわば2極間の往復運動を、ほぼ40年周期で3たび繰り返してきた。そして、またもや飽きることもなく「親英」「反英」の第4回目のサイクルに足を踏み入れようとするいま、われわれは、われわれ自身のこのような対異文化姿勢のありようを、あらためて厳しく点検する必要があるのではないか。

そのために、「親英」と「反英」のサイクルを超えた、いわば「知英」派海軍提督たちの戦時中の生き方は、われわれにとっては、まさに頂門の一針というべきではないか。おそらく、そのような反省なしには、われわれは今後も、いたずらに政治や経済の目先の動向に振り回された、いわば移ろいやすい心情的「親英」「反英」のサイクルを重ねて、言語や文化についての深い理解に根ざした覚めた目の「知英」の域に達することは困難と思われるからである。

これを学校教育における異言語教育の立場からみれば、おそらく、いま本当に問われているのは、異言語の単なる運用技能や目先の実用効果よりも、むしろその教育に対する基本的な姿勢そのものであるといわなければならない。異言語を通しての異文化理解とは、異言語の単なる技能や知識の教育にとどまらず、それを通して何よりも絶対的な自己中心の発想から、多様で相対的な世界の認識への脱皮を促すものでなければならないはずである。

それは、言い換えれば、わが国を機軸として世界を認識するいわば「言語・文化的天動説」から、世界の視点からわが国を考え直す「言語・文化的地動説」へのコペルニクス的転回を意味する。大和や菊池ら大学英文科出身の「英語の達人」たちと、鈴木や井上ら海軍兵学校出身の海軍提督たちの国際感覚や文化意識の差も、しょせんは、こんな基本的な認識の差に起因するものと考えざるを得ない。

〈4〉日本人の「ミヤコことば」志向

●日本の「ミヤコことば」

日本人の「親英」「反英」のサイクル、とりわけ周期的な「親英」感情の反復を支えるものに、いまひとつ、日本人に根強い中央語志向の存在を見落とすことが出来ない。

かつて、明治の中央集権化が強力に推し進められた時期に、ことばだけがひとり、その埒外にあることは許されるはずもなかった。日清戦争とともに、わが国の民族意識がかつてない高まりをみせる頃から、国家の統一と団結のための手段として、国語の統一もまた一際強く叫ばれるようになった。

たとえば、明治26年、国語学の上田万年は「教育上国語学者の抛棄し居る一大要点」と題する講演で、ことばの地方分権を排して中央集権主義を唱えている。明治35年には、英語学の岡倉由三郎が『応用言語学十回講話』で、地方語の消滅をはかるために、学校教育を通して中央語を直接注入する方法を説いている。いずれも、国語の統一を達成するために、文字通り、すべての方言を根絶しようとするものであった。土地の方言を話した生徒には、首から方言札をぶら下げさせるという沖縄の罰札制度はよく知られた例である。

明治30年代に始まったわが国の標準語政策は、このような方針にそって、「方言撲滅」や「方言矯正」をスローガンにかかげ、このスローガンの実践が、その後の国語教育の重要な目標の1つとなった。明治5年以来の学制と、明治36年の国定教科書の制定は、わが国の標準的書きことばの定着に大きな役割りを果たした。さらに、大正14年以来のラジオ放送、昭和28年以後のテレビ放送は、話しことばの標準化をも大きく推進した。

しかし、人々の日常の生活語である方言を、「撲滅」「矯正」すべき「社会悪」とみなし、それをテコに日本語の統一をはかろうとした標準語政策は、その後の日本人の言語意識を大きく歪めてしまう結果になったことは見逃せない。少なくとも、地域語相互の間に新たに明確な価値の差をもうけ、さらに自分の血肉であるはずの生活語を自ら卑しめてかえりみない独特の風潮を広く日本人の間に植えつけてしまった。

東京では、いまだに東北方言や関西方言が人々の嘲笑をかうことも少なくない。それが地方出身の大学新入生の五月病の大きな原因になったりする。国会でさえも、つい近年まで、東北なまりの強い議員の演説に、「日本語をしゃべれ、日本語を！」などのヤジが飛ぶことは、決してめずらしいことではなかった。

東京語も、正確には、東京方言と呼ぶ一方言に過ぎないが、事実、この東京語に対する他の地方方言のいわゆる方言コンプレックスは、程度の差こそあれ、ほぼ全国的に認められるほど根深いものがある。このコンプレックスから逃れるために、多くの日本人は自分の方言をいとも簡単に投げ捨て、ミヤコことばの東京語に同化しようとこころがける。ミヤコことばは、いわば絶対であって、われわれのうちには、いつの間にかそれに対応するための強固な中央志向体質が出来上がってしまっている。

このような体質をもつわれわれには、自分の体質そのものがかなり特異なものであるという自覚さえ、必ずしも十分であるとはいえない。しかし、これを諸外国の場合と対比してみればどうであろう。

たとえば、ドイツ、オランダ、ベルギー、スイス、イタリアをはじめとするヨーロッパの国々（フランスの一部では、やや事情は異なるが）では、日本とは逆に、方言の地方分権の考え方が根強いことがわかる。彼らにとって、方言は決して卑俗でも下等でも不完全でもない。それぞれの方言は、他のいかなる方言によっても取って代わることの出来ない独自の伝統と絶対的な価値をもった文化遺産と考えられ、自分の方言に対する誇りを失わない。ドイツの一部では、小学校教員の資格の１つとして、標準ドイツ語ならぬその土地の方言を話すことが求められるほどである。このような風土のなかからは、地域語に対する関心や誇りが育つことはあっても、いわれのない方言コンプレックスの生まれる余地は少ない。

●世界の「ミヤコことば」

東京語が日本のミヤコことばであるならば、英語は、さしずめ世界のミヤコことばである。そして、見落としてならないのは、この世界のミヤコことばに対する日本人の姿勢が、東京語に対する地方方言の関係と、奇妙なまでに符合している点である。言い換えれば、地方語から東京語に対して働いていたわれわれのあくなき中央語志向が、今度は、世界の地方語である日本語から、世界の東京語である英語に向けても、そのまま強力に働き続けているということである。

およそ、日本ほど徹底して英語一辺倒の国も、今日、他にあまり例をみない。学校外国語科目といえば、諸外国では複数の外国語が提供されているのが一般である。ヨーロッパ諸国はいうまでもない。アジアの近隣の韓国、台湾でも、外国語は少なくとも第2外国語まで学ぶ。シンガポールのように英語を教育言語として、一見英語一辺倒とみえる国でさえも、希望者には第2外国語学習の機会は保障されている。

しかし、わが国の場合には、中学・高校の外国語は、事実上、英語1科目に限られていて、他の外国語はすっかり締め出されている。その上、中学の外国語が必修教科である限り、国民総英語学習が義務付けられたも同然である。

さらに、かつての短大全盛期には、短大を含めた220万人の日本の大学生のうち、実に40万人近くが英語・英文学専攻生であるといわれた時期もあった。これは、独・仏語など他の外国語・外国文学はもちろん、日本語・日本文学の専攻生でさえ足許にも及ばない驚くべき数字である。当時、イギリスの大学の英語・英文学専攻生は約8000人といわれたから、日本の大学の英語・英文学専攻生は、英語本国の実に50倍という壮観さであった。その後、大学の英語・英文学専攻の学生数は当時に比べれば減少したとはいえ、氾濫する街の英語学校の英語教育を含めて、わが国の英語志向ぶりは、過熱の段階を通り越して、いまや異常とさえ思われるほどである。

東京語志向が方言コンプレックスによって支えられていたように、この日本人の英語志向も、どうやら、その根底には母語そのものについての誇りのなさ、いわば日本語コンプレックスがテコになっていることは否めそうもない。これを最もよく表しているのは、海外に出た際に、外国語に対してとる日本人の態度である。

たとえば、アメリカ滞在中の日本人家庭をみて驚くのは、子ども、とくに幼い子どもを、日本語を使わずに、英語だけで育てようと考えている親、とくに母親の多いことである。家庭内でも、親はつとめて英語をしゃべり、子どもが日本語を話せないことを、むしろ誇りにしているフシさえある。カリフォルニア大学ロサンゼルス校英語学部の観察によれば、母語を犠牲にしても子どもには英語を身につけさせたいと願う傾向がとくに目立つのが、カリフォルニア在住のメキシコ人と日本人であるという。こんなメキシコ人や日本人と際立って対照的なのが、アメリカ在住のドイツ人家庭である。彼らの多くは、母語に強い誇りをもち、家族の間では、英語を一切使わない家庭が目立つ。比較的長期の滞米家庭でもこの傾向が強い。

近年、海外からの帰国児童・生徒の日本語能力が問題になることが多いが、これも大部分は以上のような日本人の心的態度の当然の結果といえそうである。英語による教育機関のないヨーロッパの非英語圏や東南アジア地域からの帰国者の場合には、家庭内の日本語教育は、アメリカからの帰国者よりは、一般に無難であるという事実がそれをよく物語っている。そういえば、中国育ちのパール・S・バック（Pearl S. Buck）も、日本育ちのエドウィン・O・ライシャワー（Edwin O. Reischauer）も、ともに現地語を真っ先に覚えるほどにその土地になじみながら、母語を卑しめない家庭に恵まれたために、彼らの母語能力が改めて問題になるようなことはなかった。

日本人の日本語コンプレックスは、単に戦後に始まった新しい問題ではない。先に触れたように、わが国初代の文部大臣森有礼は、すでに明治6年に、その *Education in Japan*（『日本の教育』）のなかで、日本語を‘our meagre language’（貧弱な言語）と考え、‘All reasons suggest its disuse.’（どのように考えても、日本語は廃棄すべきである）と断じている。彼は、日本語に代えて英語を国語とする念願であったが、イエール大学の言語学者W・D・ホイットニー（W. D. Whitney）教授に、その短慮を逆に諫められるという一幕さえあった。

戦後もまた、志賀直哉がフランス語国語化論を唱えた。ローマ字化やカナ文字化運動を含め、明治以来今日まで、「日本語性悪説」はあとを絶たない。どうやら、われわれの目には、東京語の話者ほど恵まれた日本人はなく、さらに、いわゆる「国際語」を母語にもつ英語国民ほど幸運な国民はないと映るものらしい。

●アメリカの2言語教育

志賀直哉がフランス語国語化論を発表してしばらくたった頃、そのフランスのパリに本部を置くユネスコは、民族語や地域語を、捨てるどころか、逆に積極的に教育のなかにとり入れることを奨励した注目すべき『教育における地域語の利用』(*The Use of Vernacular Languages in Education*, 1951)を発表した。これは、ユネスコが各国の専門家を動員して行った教育用言語に関する調査・研究の成果である。それには、(1)不完全な言語、あるいは、近代生活のために不適当な言語は存在しないこと、(2)母語は、その話者にとって最も優れた思考・伝達の手段であること、(3)学校教育はすべて、母語で始めるべきであること、(4)教材類の不備のために第2の言語に依存する必要のある時も、その時期を可能な限り遅らせること、(5)教育用言語として、母語だけで十全な場合も、第2の言語を学習することが望ましいこと、など先見的な提言を盛り込んでいる。このユネスコの提言は、深刻な言語問題をかかえる新興諸国に大きな自信と希望をあたえたが、同時にこれが、「国際語」を母語にもつ超大国アメリカの言語問題にも少なからぬ影響を及ぼすことになろうとは、当時予想するものもなかった。

アメリカは、とくに19世紀半ば以降、彼らのいわゆる標準英語を国語とする単一言語政策を徐々に強めてきた。とくに、第1次世界大戦をきっかけに、「1つの旗、1つの言語、1つの国、1つの心」をスローガンとするアメリカ化運動が大きな高まりをみせた。全米人口の約80%を占める非英語国出身者にとっては、自らの母語と文化を捨てて、一日も早く標準英語・文化に同化することこそ、よりよいアメリカ人になる道と考えられてきた。いわば、わが国の標準語政策の英語版である。

このアメリカ人の中央・標準志向に反省を迫るきっかけとなったのが、民権運動を背景にして、1964年に成立した公民権法である。これによって、英語文化の中央集権主義が問い直され、文化的民主主義が大きく脚光を浴びることになった。さらに、1966年のジョン・マクナマラ（John Macnamara）の研究 *Bilingualism and Primary Education*（『2言語使用と初等教育』）などによって、母語を用いない初等教育が、子どもの認識過程に好ましくない影響をもたらすことも明らかにされた。ユネスコ提言の意味が、ここであらためて見直されたのである。

その結果生まれたのが、1968年の2言語教育法であった。英語を母語としない少数民族の言語（方言）・文化に固有の価値と尊厳を認め、その言語・文化の市民権を確立しようとするものである。

一定の条件さえ満たせば、公教育も彼ら自身の母語で行えるようになり、英語の学習は、母語を犠牲にすることなく、それと並行して行うことも可能になった。いわゆる2言語・2文化主義である。

しかし、この2言語教育も、少数民族の側だけが母語に加えて英語を学ぶという「一方通行」の2言語使用にとどまる限り、従来の英語同化政策の弥縫策にしかすぎない。ところがその後、全米英語教師評議会（NCTE）や非英語話者に対する英語教育学会（TESOL）などを中心に、2言語教育そのものについての考え方が、次第に変貌してきたことに注意しなければならない。それは、英語を母語にもつ側でも、単一言語話者が2言語話者に対してもつハンディキャップに目覚めはじめ、積極的に少数民族の言語（方言）・文化を学ぼうとする新しい動きが出始めたことである。いわば「相互乗り入れ」の2言語使用への移行である。これは、言語・文化的多元性の積極的な肯定を意味するだけでなく、建国以来アメリカ国民の共通のシンボルであった英語そのものの単一言語使用さえも否定しようとする点で、まさに画期的である。

●アメリカの外国語教育

2言語教育法を成立させ、国内言語政策の大転換を断行したアメリカは、その後まる10年を経て、今度はあらたに外国語教育の改革に乗り出した。1978年4月、カーター大統領は、大統領命令を発して外国語及び国際研究に関する大統領委員会を設置し、エドウィン・O・ライシャワーら25人の委員を任命した。委員会は、外国語教育と国際理解の抜本的改革・推進のための調査・研究を行い、その成果を大統領に答申することになった。

エドワード・T・ホール（Edward T. Hall）は、すでに1959年に、その *The Silent Language*（『沈黙の言語』）で、

　アメリカはこれまで、海外援助計画に実に多額の支援を行ってきたが、世界の国々からは好意をもたれてもいなければ、尊敬もされていない。アメリカ人は今日、多くの国々で腹の底から嫌われている。

と警告している。世界におけるこのアメリカ人の不評ぶりが、アメリカ人の「国際語（英語）」能力の貧困によるものでないことは言うまでもない。そして、最近になってやっと一部のアメリカ人は、それが、「国際語」を母語にもつ国民に特有の自己中心性と異言語・異文化に対する恐るべき無関心さに由来することを悟りはじめた。

その後、上記の大統領委員会では、1916年当時36％であったアメリカの高校生の外国語履修率が、現在では15％にまで落ち込み、しかも、3か年を通してそれを履修し続けるものは、そのうちのさらに2％にしか過ぎないというショッキングなデータが報告された。席上、国内の2言語教育を、

一歩進めて外国語教育にもとり入れ、全国民に異言語・異文化理解についての「生涯」（'cradle-to-the-grave'）学習を促す「文化革命」（'cultural revolution'）を求める声まで続出した。そして、1979年に大統領委員会がまとめた答申書が、有名な *Strength through Wisdom*（『知恵の力』）である。しかし、当初、その委員会のJ・A・パーキンズ（J. A. Perkins）委員長は、答申書の表題には、'The United States: The Deaf, Dumb and Blind Giant'（「アメリカ合衆国——耳も口も目も不自由な巨人」）が似つかわしいと考えていたほどであった。

このようにアメリカの言語問題をみてくると、異言語・異文化の理解のためには、いわゆる「国際語」そのもの以上に、多元性・相対性に対して開かれた柔軟な言語・文化意識こそが不可欠な要件であることを、改めて痛感させられる。ところが、英語のみを唯一の外国語として学び、とかく日本語にはコンプレックスをもち、日本語内の方言を卑しめて省みないわれわれには、多様で相対的な言語・文化を現実のものとして認めることが不得手である。「ミヤコことば」を追い求めるわが国の国語教育も英語教育も、それが徹底すればするほど、当然、逆に言語教育本来のあるべき姿から遠ざかって、排他・単線・中央志向的傾向を強めるという皮肉な性格をもつ。しかも、おそらく最も根本的な問題は、本来、言語教育こそが果たすべきその種の姿勢制御の自浄機能が、わが国では十分作動しないということであろう。

〈第3章〉
日本人の異文化理解の考え方

〈1〉低文脈文化と高文脈文化

●新幹線の実験

かつて、仕事の関係で定期的に上京することになった折、道中のつれづれに、ひとつの実験を思い立った。知らない日本人の乗客同士が列車内で隣り合わせに座った場合、いったいどれほどの人が、どんなきっかけで口をききあうものなのかを、実地にためしてやれというわけである。

11時からの東京の会議に間に合うように、京都を7時過ぎの新幹線で発つ。この時刻、乗客の多くは一見日帰り出張らしいサラリーマン風の男性たちで、座席は4割がたうまっている。途中、名古屋でどっと乗客が増えて、東京まではほぼ満席になることが多い。帰りは東京発18時から19時頃。この時間帯には、どの列車もほとんど空席が見当たらないほど。往きの場合と違って、女性や子どもづれの旅行者が目につく。

さて、座席は実験の性質上、山側の2人席は避けて、出来るだけ海側の3人席の、しかも真ん中のB席をとる。これも実験の性質上、こちらの方から隣の客に話しかけることは慎むが、相手が口火を切りやすいように、出来るだけ自然にくつろぐことにする。帰路にはたいてい缶ビールなどを持ち込んで、少なくとも発車後1時間ばかりは、間違っても横文字などは読まない。

こんなふうにして、その年のうちに都合19回上京した。往復では38回新幹線を使った計算になる。そして、その結果、京都・東京間3時間近くの乗車時間中、隣席から話しかけられた回数はとなると、なんとこれが、実にゼロ回なのである。ただの1回も、隣の乗客から声をかけられることはなかった。

本人は結構くつろいだつもりが、案外まわりから見れば、ことばもかけにくいほどの仏頂面で缶ビールをあおっていたのでは、と思われるかもしれない。しかし、その同じ当人が、一方、アメリカで乗物に乗った場合には、まず必ずといってもよいほど隣席からなにかと話しかけられたのもまた事実である。

アメリカを旅行すれば、たとえばニューヨークからロサンゼルスまで5時間の飛行機でも、ロサンゼルスからサンフランシスコまでの6時間のグレイハウンド・バスでも、隣り合ったアメリカ人乗客から絶え間なく話しかけられて閉口した経験をもつ日本人は少なくないはずである。ところがわが新幹線では、互いに肩と肩とが触れ合うほどの乗客同士でさえ、ことばひとつ交わすこともなく、平気で何時間もの旅をするのが普通である。これがもしアメリカならば、とても尋常な事態とは考えられない。長時間、ことばひとつ交わさない隣同士の乗客は、互いに何か含むところがあるのではと勘ぐられても仕方があるまい。

隣の客には知らぬ顔の新幹線であったが、通路を通りかかった乗客に声をかけられたことが2回あった。いずれも上りの浜名湖を過ぎたあたりで、やおら仕事の書類などを引っ張り出していたのがお目にとまったもの。

1人は中年の白人男性で、春も桜の頃。「英語が読めるようだが、話しも出来るか」と聞いてきて、アメリカから初めて日本の観光に来たが、京都の桜が見事であったとか、新幹線がすばらしいとか、聞きもしないのに日本の印象を通路に立ったままあれこれとしゃべってくれた。

いま1回は夏も終わりの頃。「話してもいいか」という英語の声に顔を上げると、人懐っこそうな白髪の白人紳士が立っている。結構となると、自分の席から大きな荷物を運んできて、たまたま空いていた隣の席に腰を下ろした。聞けばアメリカの大学で教える同業で、John Layton Horner と名乗る。驚いたことに、彼は戦後の中学校英語教科書の代名詞ともなった *Jack and Betty* の校閲者本人であり、書名の Jack も自分自身の名からとったという。そんな話が東京へ着くまで続き、この車内の束の間の縁で、彼はその後も来日のたびに関西まで訪ねてきて、時には拙宅に泊まっていくまでになった。

●ウチ面とソト面

単に乗物の中だけではない。たとえば、アメリカの大学の教授会などでも、老教授から若手講師に至るまで、全員が実に率直によく発言する。ところが、日本の大学の教授会では、多くの教授方が完全な沈黙派である。そして、若手もまたそれに倣うことになる。教室風景も違う。アメリカの学生は、教師が交通整理に困るほど積極的に質問し、実にくだらない意見でも自信ありげに発言する。これに対して、日本の学生は、外国人教師も困惑するほどに口を閉ざして押し黙ってしまう。それでいて、隙をみせると、私語だけはとどまるところを知らないから、学生たちのソト面とウチ面のあまりの違いに、日本人を油断のならない二重人格者と思い込む外国人教師さえいる。

考えてみれば、それも無理もないことかもしれない。欧米人は、たとえばデイヴィッド・アーバークロンビー（David Abercrombie）のような言語学の専門家でさえも、次のように頭から信じ込んでいるくらいである。

たいていの民族は、口数の少ない人間は危険な人間であると感じる。だから、たとえ話題はなくても、人はしゃべらなければならない。(Most peoples have a feeling that a silent man is a dangerous man. Even if there is nothing to say, one must talk.[1])

そういえば、英語国には、

口数の少ない人間は、音をたてない流れのように、深く危険である。(Silent men like silent waters are deep and dangerous.)

ということわざまである。

たしかに、一般的にいって日本人の場合には、見知らぬ人のまえや改まった場面では、アメリカ人のように気軽に話しにくい独特の自制が働くように思われる。めったなことは言えないという一種の警戒心といったほうが正しいかもしれない。

かつて、大晦日の夜のＮＨＫ紅白歌合戦フィナーレの場面で、高揚した雰囲気のためか、司会者のヴェテランのアナウンサーが、トリの歌い手「ミヤコ・ハルミ」の名前をとちって、思わず「ミソラ」と口走ってしまったことがある。これが、もしアメリカならば、この思いもかけないハプニングに、観客は総立ちになって喜び、会場はいっそう盛り上がったに違いない。しかし、わが国では、そうはならなかった。この「国民的番組」のクライマックスの場面は、その途端に一転、何とも気まずくシラケた空気になってしまった。そして、件のアナウンサーは、それからほどなくＮＨＫを去る羽目になる。「物言えば唇寒し秋の風」である。この国には、「口は禍の門」の教訓が、まだ立派に生き続けている。

われわれは、とかくこともなく英語の「オーラル・コミュニケーション」の指導などという。しかし、その「オーラル・コミュニケーション」のクラスの日本人生徒・学生たちが、実はこのような独特の心的態度の持ち主であるという事実については、従来、あらためて考えてみることもあまりなかった。

日本での長い教育経験をもつピーター・ミルワード（Peter Milward）教授は、その『イギリス人と日本人』（講談社、１９７８年、別宮貞徳訳）の中で、次のように書いている。

われわれイギリス人は、子供のときから雄弁と朗読の訓練を受ける。イギリス人は、全体としてみれば、おしゃべりな国民である。それにひきかえ日本人は、われわれが結果から判断するかぎりでは、沈黙の訓練を受けているように見える。おそらく日本人は世界でもいちばんだんまり屋の国民だろう。

●ことばに対する信頼

日本人男性と結婚した外国人女性たちの座談会をテレビで見た。出席した7人の女性たちのうち5人までが欧米出身、2人がアジア出身であったが、彼女らの母国と日本とのいわば幾重もの文化衝突の実態が、具体的な日々の生活のなかで語られてまことに興味深かった。

座談会の最後に司会者が、彼女らに結婚を決意させるに至った日本人のご主人のプロポーズのことばを問うた。すると、1人を除いて6人までが、特別のプロポーズのことばはなかったと答えたのがとくに印象的であった。おそらく、人の人生でもいわば最も重要な決断をうながす結婚の申し込みである。欧米では一般に、明確なことばによる意思表示を伴わないプロポーズなど、とても責任あるプロポーズとは考えられそうもないからである。

ここには、とかくわれわれが見落としがちな欧米と日本のことばそのものに対する考え方の違いが、明瞭に表れている。欧米では一般に、ことばは「唯一の情報伝達の手段」(*the* means of communication) とみなされる傾向が強い。人間同士の意思の疎通は、出来るかぎりことばを媒介として行おうとする強い姿勢が目立つ。それだけに、ことばのもつ社会的価値は相対的に高い。言うまでもなく、ヘブライズムの伝統も、その大きな背景のひとつであることは否むことは出来ない。新約聖書『ヨハネ伝』は、次のようなよく知られる書き出しで始まる。

初めにことばがあった。ことばは神とともにあった。ことばは神であった。(In the beginning was the Word, and the Word was with God, and the Word was God.)

この聖句は、世の初めからことば（ロゴス）はそれ自体が神であり、真理であると考えられていることを示す。万物はこのことばによってつくられ、ことばによらずにつくられたものは何ひとつないと考える。

これに対して日本人は、ことばを「数ある情報伝達の手段の一つ」(*a* means of communication)としか考えない。むしろ、事柄が複雑でデリケートになればなるほど、互いに相手の気持ちを忖度して、態度や雰囲気などのことば以外の要素に頼る傾向すらある。まさに「目は口ほどに物を言う」のである。

とりわけ、深い教義であればあるほど、ことばや文字をもって伝えることは不可能で、むしろ心から心へ伝えるものと考える仏教の「言語道断」や「不立《ふりゅう》文字」や「教外別伝《きょうげべつでん》」や「以心伝心」の伝統的な教えは、われわれ日本人の間に広く受け入れられている。このように、この国は、いわばことばに対する信頼の相対的に低いお国柄なのである。つまり、欧米の文化を、ことば以外のものに頼る傾向が相対的に少ない「低文脈文化」(low-context culture) と呼ぶならば、日本の文化は、まぎれもなくそれとは対照的に、ことば以外のものにも一定の情報伝達の役割を担わせる「高文脈文化」

［表3－1］文脈依存度から見た文化

高文脈文化 ↑ ↓ 低文脈文化	日本 中国 朝鮮 アフリカ系アメリカ 原住民系アメリカ アラブ ギリシャ ラテン イタリア イギリス フランス アメリカ スカンジナヴィア ドイツ ドイツ系スイス

(high-context culture) である。

エドワード・T・ホールは、世界の民族を調査して、彼らの文化を［表3－1］のように整理した。[2]それによれば、日本人は、ドイツ系民族とはまさに対極にあって、世界でも最も言語に依存する度合いの低い民族ということになる。

●ホンネとタテマエ

かつて、ことばに対するこのような考え方の差をこの上なく明瞭にみせつけたのが、例のロッキード事件であった。米ロッキード社の対日航空機売り込みをめぐるいわゆるロッキード疑惑がもち上がっても、ロッキード社のコーチャン副会長は一貫して疑惑を否認し続けていた。ところが昭和51年（1976年）2月、アメリカ上院の多国籍企業小委員会公聴会に出席を求められ、聖書の上に手を置いて宣誓を行った途端、彼は驚くほどすらすらと、航空機売り込み工作資金200万ドルを日本の政界のトップに渡したことを全面的に認めてしまった。たとえ上院の公聴会の場とはいえ、その企業の社会的信用に深く関わる商業上の秘密を、あそこまであからさまにしゃべるものかと、その「口の軽さ」に多くの日本人は驚かされた。

一方、この同じ問題について、わが国の衆議院予算委員会に喚問された日本側証人たちもまた、「良心に従って真実を述べる」ことを国民環視のうちに厳粛に宣誓し、署名もした。ところがその証人たちは、ただの1人の例外もなく、全員が「知らぬ」「存ぜぬ」「記憶にございません」と、コーチャン副会長の認めた事実をも全面的に否認し続けた。

テレビでその実況を見ていたわが同僚のアメリカ人教師たちは、これにはひどく驚いたらしい。重要な社会的責任のある立場の人間でありながら、そろいもそろって、公の場で、なおこれほどまでに白々しくシラを切り通せる日本人というものが、いまさらながら空恐ろしくさえ思えたという。「いったい、日本人には良心があるのか」、「日本の政治的・経済的指導者たちは、なぜこれほどまでにライアー（うそつき）であり得るのか」と考え込んでしまったらしい。

しかし、われわれ日本人の見方は少々違っていた。テレビカメラの放列にさらされた当時の国会の場である。たとえ疑惑が事実であったとしても、恩義のある関係者に累が及ぶようなことは、口が裂けても認めにくいといった心情に理解を示しやすい。いわば義理を重んずる「口の堅さ」がひとつの人間的価値の尺度とさえ考えられかねない。そしてわれわれは、いわば額面通りのことばより、むしろ相手の気持ちを忖度して、ホンネとタテマエをごく自然に使い分けることに長けている。

こうみてくると、宣誓のことばの効果ひとつをとっても、それが必ずしも日米ではまったく同じではないことに気づく。これは、教育の場においても言えそうである。日本の大学では、試験の際の答案用紙は当然、試験場で大学側から配布される。ところがアメリカでは、答案用紙など、一般に大学側の関知するところではない。学生が各自勝手に学内の売店で、ブルーブックと呼ばれる冊子風の答案用紙を購入して、それを持って試験場におもむく。

それならば、事前にこっそりブルーブックにメモっておけば、カンニングはまるでし放題では、と日本の学生は考える。ところが、そのブルーブックの表紙には、次のような厳めしいことばが印刷されていることが多い。

受験の誓約

私は、この受験に当たって、一切の不正行為を行わなかったことを、私の名誉にかけて、ここに誓約します。

(Examination Pledge

I hereby pledge my word of honor that I have neither given nor received assistance on this examination.)

学生は、試験に先立ち、先ずこの誓約のことばを読み、その下に署名することを求められる。学生が間違いなく署名したことを確認すると、なかには試験場から出ていってしまう教師さえいる。

もちろんアメリカにも、隙あらば不埒な行為に及ぼうとする学生がいることは、日本と少しも変わりはない。ただしかし、一般にアメリカの学生が少しばかり違うのは、いったんことばで明確に宣誓を行い、その上、筆をとって署名までしてしまうと、何の宣誓もしない場合よりは、いくらか自制がきくらしいということである。当然、ことばに相対的に高い信頼をおく国での宣誓違反には、われわれがこの国で考えるよりもはるかに厳しい制裁が科される。違反者は、それによって自分の社会的生命を失うことにもなりかねない。試験中の不正行為は、一般には、まず退学もしくは放学を覚悟しなければならない。

ところがわが国の大学では、不正行為に対する処分で、退学や放学は先ず考えられない。重くても、当該期間中の全試験科目の無効程度が最も一般的という。なかには、当該科目のみ無効という大学さえある。これであれば、学生はその後の履修方法次第で、卒業延期になることさえもなく、まるで何ごともなかったかのように予定通りに卒業することも十分に可能である。

ことばに対する信頼が相対的に低い高文脈文化のわが国では、国会の証人の場合でも、受験場の学生の場合でも、誓約や署名は、しょせんは単なるひとつのセレモニーにすぎず、とても欧米並みの実効を期待することは出来そうにもない。

かつてのキッシンジャー（Henry A. Kissinger）国務長官（ドイツ生まれ）をはじめ、日米の政治折衝に当たった経験をもつ米政治家たちの中には、ヨーロッパ人に比べて、とくに日本人政治家のことばに不信感をもつようになったと告白する人々が少なくない。最近も「ジャップはうそつきで最悪の裏切者」と怒りのことばを書き残した高名な米政治家もいる。低文脈文化圏の彼らの目には、ことばそのものに依存する度合いの相対的に低いわれわれ高文脈文化圏の人間が、このように映りがちであることは、つねに心得ておく必要があろう。

なお、こんな日本人も、韓国人に比べると偽証はケタ違いに少ないらしい。エドワード・T・ホールによれば、韓国人は日本人よりも文脈依存度は低いはずであるが、最近の『朝鮮日報』（2003年2月13日、日本語版）は次のように報じて、韓国の法廷は「嘘の競演場」であるという。

2000年の場合、韓国で偽証罪で起訴された人が1189人であることに比べ日本人は5人だった。韓国と日本の人口差を考慮した場合、国内の偽証が日本の671倍に達するというのが［韓国］最高検察庁の分析だ。

〈2〉異言語学習と異文化理解

●日本人の「国際感覚」

戦後のわが国の歴史を振り返ってみると、日本をとりまく国際的環境が厳しくなると、わが国では、いまさらのように「国際化」や「国際理解」を言いはじめる。

旧運輸省は、国際的な相互理解の増進や国民の国際感覚の涵養のためにと、昭和62年に「海外旅行倍増計画」を打ち出した。昭和61年に、わが国の年間海外旅行者数は初めて500万人を超えたが、それをその後の5年間でさらに倍増して1000万人の大台に乗せようというのである。このいわゆる「テン・ミリオン計画」によって海外旅行促進キャンペーンを強力に繰り広げた結果、『平成3年度運輸白書』によれば、この「『テン・ミリオン計画』は予定よりも1年早く、平成2年にその目的を達成し所期の成果を挙げた」。続いて運輸省は平成3年に、「観光交流拡大計画」（Two Way Tourism 21）を発足させ、観光交流の一層の拡大に乗り出した。こうして平成18年の日本人の海外旅行者数は1700万人を超え、すでに過去17年間にわたって、毎年1000万人以上の日本人が海外旅行に出かけたことになる。

旧文部省は、昭和52年からアメリカ人を英語指導主事助手として、各地の英語教員の現職教育等に活用してきた。その英語指導主事助手は、昭和52年の9人から次第に増員して、61年には235人になっていた。昭和62年からは、この制度を改変して、旧自治、外務、文部の3省で、英語教育の充実と地域の国際化を推進するためと銘打ってＪＥＴ（Japan Exchange and Teaching）プログラムを発足させた。これは「語学指導等を行う外国青年招致事業」と呼ばれ、海外の若者を外国語指導助手（ALT: Assistant Language Teacher）として日本に招き、各地の学校の外国語教育に参加させようとするものである。ＡＬＴの数は年々増大して、19年目を迎えた平成17年には、44か国から５８５３人の青年たちを招いている。

旧文部省はまた、昭和58年、教育・研究の国際化と国際理解の推進、国際協調の精神の醸成を図るためにと「21世紀への留学生政策」を発表した。昭和58年当時、１万４２８人であった日本で学ぶ外国人留学生数を、21世紀までに10倍の10万人にまで増やそうという、いわゆる「留学生受け入れ10万人計画」である。この計画は、それから20年後の平成15年に留学生数が10万９５０８人となり、ようやくその目標を達成することが出来た。

しかし、これら各省の諸計画の目標の達成が、実際に「国際理解の増進」や「国際感覚の涵養」のために「所期の成果を挙げた」といえるかどうかについては、もう少し慎重な検討が必要であると思われる。これらの計画が、かえって各種の国際的なトラブルを引き起こす結果になっていることに、われわれは意外と無頓着である。たとえば、各国航空会社の乗務員にとっていまや歓迎されざる乗客は、マナーの悪さで国際的に有名になったおびただしい数の日本人団体客であるという。欧米や東南アジアでは、ついに粗野な振る舞いの目立つその傍若無人ぶりにたまりかねて、日本人団体客を締め出す教会やホテルさえも出はじめた。

JETプログラムのあり方についても、単に日本の教育現場だけでなく、海外でもこれを疑問視する見方が目立つ。外国語教育の専門家を招くのであればともかく、大学を出たばかりの教育のずぶの素人を、ただ外国語の母語話者であるというだけで、特別の訓練もなくこれだけ大量に教壇に立たせることの意味を疑う声は多い。このプログラムに協力的なはずのブリティッシュ・カウンスルの英語教育部門の責任者マイク・ニコルズ（Mike Nicholls）までが、JETプログラムの意図を解しかねて、次のように述べた。

外国人の教師が日本人の英語教師よりもすぐれていると信ずるに足る理由は全くない。……この上外国人の教師を日本に招くくらいなら、日本人の英語教師をアメリカやイギリスへ研修に派遣する方がよいであろう。（There is no reason to believe foreign teachers are superior to Japanese English language teachers .... it might be better to send Japanese English language teachers to the United States or Britain for training rather than inviting more foreign teachers to Japan.）(3)

その上、当人たちの強い希望で来日したはずのALTたちが、しかも同年輩の日本人教師をはるかに凌ぐ高給を保障されながら、1年後にはその6割もが契約を更新することもなく帰国してしまう年もあるという。

外国人留学生、とくにアジア人留学生がわが国で受けるさまざまな差別的な扱いも、いまや深刻な問題になっている。かつて、中曽根首相がアセアン諸国を訪問した際、現地の元日本留学生たちから「自分たちの息子や娘は日本には留学させたくない」といわれて大きなショックを受けたが、せっかく来日したアジア人の留学生たちを、わが国では親日家どころか、むしろわざわざ反日家にして送り返すという排他的な風土がいまだに根強い。「留学生10万人」の数の問題ばかりが先行して、留学生を受け入れる基盤の整備が不十分であることは否めない。

海外へ出かけさえすれば、あるいは外国人を連れて来さえすれば——わが国政府の対外プログラムには、「国際化」や「国際理解」について、どこかそんな安易な姿勢が目立つ。これをわれわれの「国際感覚」のありようと考えるならば、つい先ごろまで、わが国国際理解教育のいわば総元締めのはずの文部大臣をはじめ、有力政治家や、果ては現職の総理大臣までが、この種の対外交流プログラムを行う一方で、その精神とはまったく逆行する他国民・他民族に対する侮蔑発言を繰り返したのも、決して偶然のこととは思われない。

●異文化理解と外国語

海外へ出かけたり、外国人と接したりする体験が、そのままわれわれの「国際理解」とは必ずしもならないのと同様に、外国語の学習もまた、一般に信じられているほど簡単にわれわれの「国際理解」に役立つとは言いにくい。無自覚な海外旅行やなまなかの外国語学習は、むしろ民族間の誤解を拡大し、偏見を増幅することさえもめずらしくはない。明治以来の歴史を振り返ってみると、「英語の達人」であって、拝外的な英語文化一辺倒の日本人の名前が何人も思い浮かぶ。他方、英語の達者な民族主義的日本人も枚挙にいとまがない。そして、むしろ、英語の堪能な日本人に国際理解の達人が意外と少ないことに驚かされる。

おそらく、そんなせいか、「国際理解」や「異文化理解」のための外国語教育などといえば、この国ではずいぶんと評判が悪い。「英語の授業で文化を学ぼうなどとは、海へ芝刈りに行くようなもの」、「英語の時間に外国の文化を理解させるという甘い幻想を捨てること」、「異文化理解は地理や歴史にまかせればよい」などという声まで、わが国の知的指導者たちの中から飛び出す。

これに似たことを、『1984年』を書いたジョージ・オーウェル（George Orwell）も、スポーツの問題について発言している。彼はその「スポーツ精神」（'The Sporting Spirits'）のなかで「スポーツが国家間の友好を生み出すなどという話を聞くたびに仰天する」（I am always amazed when I hear people saying that sport creates goodwill between the nations.）と述べ、さらに「スポーツの国際競技は激しい憎悪を生む」(international sporting contests lead to orgies of hatred) とさえ言い切っている。

たしかに、スポーツは時として、一般に言われるような友好どころか、逆に敵意をむき出しにしたり、果ては暴力沙汰や乱闘騒ぎになることさえめずらしくはない。2004年、北京で行われたサッカー・アジアカップ決勝戦で中国が日本に敗れると、中国側の群集が日本人を襲う暴動を引き起こしたことは、まだわれわれの記憶に新しい。

1985年、ブリュッセルのヘイゼル・スタジアムで行われたヨーロッパチャンピオンズ・カップ決勝戦のリヴァプール対ユヴェントス戦では、両チームが観衆をも巻き込んで取っ組み合いの乱闘となり、死者39人、重軽傷者500人以上という、「ヘイゼルの悲劇」とよばれる大惨事になった。

1969年、メキシコシティで行われたサッカー・ワールドカップのメキシコ大会では、エルサルバドル対ホンジュラス戦の勝敗が、ついに両国間の本物の戦争に発展して、実際に飛行機を使った空中戦まで行う結果になった。この戦争は「百日戦争」、「サッカー戦争」などと呼ばれるが、この戦争における両軍の死者は3000人にものぼった。

スポーツ競技では、選手代表が、「スポーツマンシップにのっとり、正々堂々と戦う」ことをあらためて宣誓するが、そんなわかりきったことを、ことさらに念を押さなければならないほど、スポーツは、実は、対立・憎悪を生みやすい。

しかし、それにもかかわらず、オーウェルが「模擬戦争」(mimic warfare) と呼ぶスポーツの国際競技が、たとえば一部の成功したオリンピック競技大会などにみられるように、たしかに国際友好に一定の役割を果たすということも、これまた否定出来ない事実である。おそらく、その種のスポーツの国際競技を、憎悪を生み乱闘さえ辞さない国際競技から区別する重要な条件とは、いたずらに国威宣揚や排他的民族主義に堕さない競技と言うことが出来ようか。言い換えれば、単なる競技の勝敗だけでなく、勝敗を争う競技者のフェアーな態度そのものを重視する競技であると言えよう。ルールを守り、勝つために全力を尽くし、勝って驕らず、負けてくじけぬグッドルーザーであり得る、いわばスポーツマンシップに裏打ちされた競技でなければなるまい。

同様のことは、英語の学習についても言えそうである。われわれの英語の学習が、もしも国際理解に対して無力であったとするならば、それはおそらく、英語の学習を、単にTOEFLやTOEICの点数で測る小手先の言語技能の習得としか考えなかったわれわれ自身の姿勢によるものではないか。少なくとも、英語を英語国民、あるいは英語話者の精神生活の豊かな投影と見る見方に欠けていたと考えるべきではないであろうか。つまり、「国際親善を目指す」スポーツ競技には、フェアーなスポーツマンシップ(運動競技者にふさわしい態度)が不可欠な要件であるのと同様に、「国際理解を目指す」英語の学習には、単なる英語技能の習得だけでなく、言語・文化の多様性と相対性をありのままに認めようとする、いわば「リンギストシップ」('linguist-ship':言語学習者にふさわしい態度）が不可欠な要件であるように思われる。

●外国語科目の特質

「人はみな違う」ことを、小さい頃からたたき込まれて育つアメリカ人などに比べると、日本人の最大の弱点のひとつは、なんといっても異質性・多様性に対する免疫のなさである。そのためか、何の前提もなく「世界はひとつ」「同じ人間同士」といったことばを、およそ日本人ほど簡単に口にする国民もめずらしいのではないか。しかし、その異質性や多様性を厳しく見据える姿勢を抜きにしては、本来、人間同士の相互理解も一体感も生まれようがないはずである。

たとえば、この地球上の65億の人間は、頭や鼻や口をそれぞれ1つずつもち、目や耳を2つずつもち、四つんばいでなく直立歩行するという意味では、まぎれもなく「同じ人間同士」である。そんな一対一対応の部分については、一般に人間相互の摩擦も生じにくい。しかし、他方で、その「同じ人間同士」が、ハダや髪や目の色については、さらに鼻や唇の形も身長も骨格も実に多様に異なる。そして、とかく人間相互の偏見や誤解は、圧倒的にこの多様な差異部分、いわば一対一不対応の部分に起因しやすいことを忘れてはならない。とすれば、われわれの外国語教育は、この「同じ人間同士」の側面だけを強調して、「人間はみな違う」側面を軽視することによって成り立ち得るものではない。

これを言い換えれば、われわれ人間はいったいどれほどまでに多様であり得るのか、そして、その多様な人間同士がどれほど相手の立場に立って考え得るのかという問題であろう。こんな認識こそ、ある意味でわれわれ自身の国際性を測る何よりのバロメーターと言って差し支えない。

このように考えてくると、'Do to others as you would be done by.'（「人からしてもらいたいと思うことを人にもせよ」）という例の黄金律でさえも、われわれは従来、いかに自己中心的な解釈しかしていなかったかがよくわかる。「人からしてもらいたいと思うこと」自体、個人や民族によって、まさに多種・多様であり得るからである。

相手が多様であるだけではない。その多様な相手と対した場合に、今度は当の本人の側もまた多様に変化する可能性のあることを、カルチャー・ショックの考え方はわれわれに示してくれた。

外国の地理や歴史を学べば、その国の文化は理解出来ると考える人々は、外国語教師のなかにさえ少なくない。しかし、それにもかかわらず、われわれが言語、それもとくに生徒・学生のアレルギーの強い外国語に固執するにはワケがある。おそらくそれは、人間を人間たらしめている言語ほど、人間相互の類似性と、同時にまた異質性をも忠実に反映するものはないからである。言い換えれば、自分の慣れ親しんだモノサシが他者には通用しないという事実、自分流のモノサシでは他者を測ることが出来ないという厳然たる事実を、これほど明瞭に示してくれるものが、いったい他にあるであろうか。しかも、そのために、これほど手ごろで具体的な手段が他に考えられるであろうか。

その意味で、わが国の学校の数ある学科目のなかでも、およそ「英語（外国語）」ほど異質の性格をもったものは他にはない。その他のすべての学科目とは全く対照的であるとさえ言えよう。この点に、われわれはもう少し注目してよいと思われる。

日本語がほぼ唯一の生活言語であるわが国の場合、「英語」以外のすべての学科目は、いわば日本語・日本文化の単一的土壌のなかで、しかも日本流モノサシだけを使って教えられると言ってよい。教師も生徒・学生もともに、それ以外のモノサシを使うことは一般に期待されない。たまたま帰国児童・生徒たちがもち帰った異質のモノサシも、この国では往々にしてイジメという手段で退けられてしまう。

ところが、「英語」は違う。わが国の学校教育科目としての「英語」は、日本語と英語という、いわばまったく異質の2つの言語・文化の土壌に立って、2つの文化のモノサシを併せ使って学ばれる性質の学科目である。これは、言い換えれば、自己文化中心の強固な呪縛から抜け出して、異なる立場の存在を積極的に認めようとするほとんど唯一の学科目と言ってもよい。

とすれば、先述の拝外的英語文化一辺倒のわが「英語の達人」たちは、植民地で広くみられるように、いわば「英語」のモノサシだけを唯一のモノサシとした英語の学習者たちであったと考えられる。片や、英語の達者な民族主義的日本人たちの場合は、せっかくの異質の言語・文化を、まるで他の学科目と同様に、日本語・日本文化の土壌のなかに持ち込んで、日本流モノサシを唯一のモノサシと考えて英語を学んだ人たちであったと言うことが出来よう。

このように考えてくると、先のブリティッシュ・カウンスルのニコルズのことばが一層よく理解出来る。母語を外国語教育のための阻害要因としか考えない、いわゆる植民地の「第2言語教育」の場合ならとにかく、わが国の学校における「外国語としての英語教育」には、日本語・日本文化のモノサシを欠いた英語話者は、英語教師としては必ずしも最適とはいえないということを意味する。そのような英語話者は、たとえ言語資料提供者(informant)であり得ても、生徒・学生を教育する教師(teacher)とは言い得ない。

この国では、英語話者が解答出来ない英語試験問題が、いわゆる欠陥問題として話題になることがよくある。しかしこれも、もしも日本の英語教育が日・英2つの言語・文化のモノサシを使って行われるものであるならば、日本語・日本文化の知識をもたない英語の単一言語話者には解答不能の問題が出題されたとしても、それをあながち不当とばかりは言いきれまい。

●文化の「比較」と「対比」

わが国各界の指導者たちが、折に触れて口にするのが「不幸にして日本語は国際語でない」、「残念ながら日本語は世界に通じない」という嘆きである。これは当然、「国際社会では、英語で育った人は絶対優位で、ほかの人々は大損害をする」[4]と考えるからである。したがって、いきおい「国際語」の英語を身につけなければ、ということになる。同時に、わが国が世界の「経済大国」にのし上がるにつれて、「英語を学ぶ代わりに、相手に日本語を」、「日本語を第7番目の国連公用語に」などという声もまた出始めた。わが国の経済力を背景に、世界に日本語を広めようというわけである。

このような考え方は、学校の英語クラスにまで及んでいる。わが国の経済成長につれて、生徒・学生たちの多くが、「われわれはなぜ英語を学ばされるのか」、「日本へ来る英米人の側が日本語を学んで来るべきではないか」と考えるようになった。日本の生徒・学生たちにとっては、母語の英語だけで日本旅行が出来る英米人は、日本語では英米旅行が出来ない日本人に比べてはるかに有利であり、両者の関係は公平でないと映るらしい。一方、日本と韓国の場合には、ほぼ日本語だけで韓国旅行が出来る日本人が、朝鮮語では日本旅行が出来ない韓国人に比べると、たしかに恵まれていると思えるらしい。つまり、英米人、日本人、韓国人の間では、最も有利なのは母語だけでどこへ行っても用を足せる英米人であり、最も不利なのが母語以外にさらに英語と日本語を使うことを期待される韓国人で、日本人はその中間に位置するというのである。

そんな風に考える彼らは、昨今話題の日本人の「姓名」のローマ字表記についても、「名＋姓」でなく、日本語に忠実な「姓＋名」に好意的である。英文中に自分の名前をTaro Suzukiと日本語の順に逆らって書くことは、日本人としてのアイデンティティが犯されることになるとさえいう。

そう言いながら、他面で日本人は、豊田（Toyota）さんも、山崎（Yamasaki）さんも、それぞれToyodaさん、Yamazakiさんと、それこそ、海外であれば別人としか思えない呼び方をされても、特段、自分のアイデンティティが侵害されたなどとは考えないから不思議である。しかし、先年、わが文化庁もまた、日本人名のローマ字表記は、Taro Suzuki 方式よりも、Suzuki Taro 方式が望ましいとする結論を出した。

異質の言語・文化に対するわれわれのこのような感じ方は、たしかに今日、われわれの間に支配的であるように思われる。しかし、いわゆる「国際語」を母語にもつ英米人が、はたしてわれわれが考えているほど「有利な」立場にあるのか、あるいは Taro Suzuki 方式が実際に日本人のアイデンティティを犯すことなのかは、それほど簡単に断定出来る問題ではなさそうである。

とくに異文化理解の観点からみれば、本当に有利な立場にあるのは、英語しか出来ない英米人よりは、明らかに自国語と相手の言語を2つながら使えて、日本語と英語の2つの異なるモノサシに目を見開いた日本人の方ではないか。さらにより有利な立場にあるのは、英米人や日本人よりも、朝鮮語と日本語と英語の3つの異なるモノサシを併せもつ韓国人の方であるとみる見方も十分に可能である。最も憐れむべきは、自分の一色のモノサシ以外には、他の一切のモノサシをもち合せない英米人の側であるともいえるはずである。長年にわたって英語という「国際語」の上にあぐらをかいてきたイギリスとアメリカが、とくに1980年代以後、いわば国を挙げて外国語教育の強化に乗り出したのも、実は英語文化中心主義に慣れきった自らのそんな言語・文化的不利を悟ったためであると考えることが出来る。

たしかに、自分の言語に加えて、さらに相手の言語まで学ぶという外国語の学習は、少なくとも20世紀の前半までは、敗者や弱者の側に課せられたハンディと考えられてきた。しかし、20世紀も後半に至って、むしろ相手の言語の学習は新たな発想や情報の獲得であり、それは敗者や弱者の条件というよりも、逆に自らの立場を有利に導くための勝者や強者の条件であることに、「国際語」を母語にもつ英米人の側が気づき始めた。

たしかに、日本語では人名を「姓＋名」の順で書き、英語では逆に「名＋姓」の順で書く。それがそれぞれの言語の一般的ルールであるならば、無理をすることはない。それを、そのまま認めてはどうか。その程度の文化の多様さをありのままに認める柔軟な姿勢は、異文化理解のためには、まずは大切にした方がよい。日本語を書く場合ならともかく、英語を書く場合でさえも、日本人であるという理由だけで、なお日本語式「姓＋名」で押し通そうとする姿勢は、日本旅行を英語で押し通す英米人や、韓国旅行を日本語で押し通す日本人にどこか似ていることに気づかねばならないであろう。

どうやら今日、われわれの異文化理解にとって必要なのは、文化の序列志向に導きやすい「比較(comparative)文化」的発想よりも、むしろ個別文化の固有の価値に着目する「対比(contrastive)文化」的発想であるように思われる。

〈第４章〉
日本の英語教育を糺す

〈1〉英語教育と人間教育

●人間教育としての「文武両道」

いわゆる「進学校」として知られる東京のある都立高校が、激戦の高校野球東京地区予選を勝ち抜いて、夏の甲子園大会に堂々の出場を果たしたことがあった。「野球専門校」などとうわさされる出場校も少なくないなかで、この「進学校」は確かに甲子園の顔ぶれとしては異色であった。マスコミは、こぞってこのチームを「文武両道」と書きたて、翌年の春には、チーム卒業生の進学先までもわざわざ追跡報道したほどであった。

わが国では、「進学校」が甲子園へ出場すること自体がひとつの「事件」である。東大野球部は東京6大学の万年最下位が指定席とされ、たまに勝ち点でもあげようものなら、それこそ大変な騒ぎになる。しかし、わが国のこんな学生スポーツのありようがいかに特異なものであるかは、少し諸外国の実情を考えてみればよくわかる。

明治の学制が公布された後も、わが国の学校の教科の中心は「読み、書き、そろばん」であった。文部省学監D・マリ（D. Murray）ら欧米人の努力もあって、従来の日本では考えられなかった「体育」という教育上の概念が学校教育にとり入れられることになるが、知育偏重・体育軽視の風潮は、いぜん今日に至るまで大きく変わることはなかった。

しかし、欧米諸国では事情はかなり違う。たとえば、イギリスの文字通りの「進学校」ともいえるパブリックスクールは、知育偏重どころか、体育を知育同様に重視することで知られる。ラグビーのような激しいスポーツも、そんなパブリックスクールのひとつラグビー校の教育のなかから生まれたし、「ワーテルローの戦いは、イートン校の運動場で（培われた精神によって）勝ち取られた」('The battle of Waterloo was won in the playing fields of Eton.') という有名なウェリントン (Arthur Wellesley Wellington) 公のことばも、こんな背景を念頭においてはじめて理解することが出来る。

イギリスきっての名門大学オックスフォードもケンブリッジも、ともに、たとえば180年もの歴史をもつテムズ河の大学対抗ボートレースのように、スポーツに力を入れることでよく知られている。イギリスでは「健全な身体に健全な精神」（'A sound mind in a sound body.'）は、日本と違って決して単なる「タテマエ」ではない。「文武両道」は、いわば人間教育の基本と考えられる。

スポーツ教育がイギリスの学校教育の大きな特色にまでなったのは、スポーツがもつ体育の価値だけではなく、あわせて一種の徳育の価値に着目したからに他ならない。日常の生活において、ルールを守り、フェアプレーの精神を培い、克己忍耐の習慣を養うために、スポーツの教育に勝る有効な手段はないと気づいたのである。単なる競技の勝敗よりも、勝って奢らず、負けてくじけぬ態度こそ、スポーツマンシップとして人間のより高い価値と考えたのである。こんな認識を欠いては、競技の結果だけでなく、むしろ競技者の態度のフェアネスやアンフェアネス、傲慢さや卑屈さにより敏感に反応を示す欧米人を理解することは困難と思われる。

●「スポーツマンシップ」からみた日本人

こんなふうにみると、日本人が欧米人の目にどのように映っているかがよくわかる。たとえば戦時中の日本兵が、ドイツ兵とは対照的に、いったん米軍の捕虜になると、尋問にあたったアメリカ兵もおどろくほど簡単に、「相手にとられた将棋の駒のように」米軍側に転じたことは、すでに述べた。

軍人だけではない。わが国は、いったん戦いに敗れると、将来この国の天皇になるはずの皇太子の教育まで、アメリカ人の家庭教師の手にゆだねてしまった。6・3・3制教育制度も、アメリカ側から言われるままに唯々諾々と受け入れた。武力では敗れても、言論の場では一歩も後へ退かず、したたかにアメリカ流教育制度を拒み通したドイツと好対照である。わが国では、憲政の神様とうたわれた政治家までが、敗戦とともに日本語を捨てて英語を国語にすることを提唱したほどである。戦中の尊大さから戦後の卑屈さへのこれほどまでの急激な豹変ぶりは、勝って奢らず、負けてくじけぬスポーツマンシップを叩き込まれて育った欧米の心ある人々には、とうてい正視するにたえない光景であったと思われる。

そんな日本人は、国の経済的な成長につれて、またもや大きく変貌し始めた。そして、エズラ・F・ヴォーゲルをして、「私は『ジャパン・アズ・ナンバーワン』の序文で、はっきりと日本人に傲慢にならないよう忠告したつもりである。しかし残念ながら、ある日本人にはその点はすっかり無視されてしまったようである」（『カムバック』(*Comeback*) 1984）と嘆かせるまでになった。とりわけ1980年代以後は、もはや欧米に学ぶものなし、といった一部日本人ビジネスマンや技術者たちの思い上がった高慢さや、日本の有力政治家、衆議院議長、はては現職総理大臣にいたるまでの相次ぐ他民族蔑視発言が、各国から厳しく非難されるようになった。欧米諸国の目には、フェアーなスポーツマンシップを解さない度し難い「尊大な日本人」と映ったようである。卑屈から再び傲慢へのこれほどまでの豹変ぶりは、これまた敗戦の廃墟のなかから「奇跡の発展」を成し遂げた旧西ドイツにもあまりみられないという。

●「異文化理解」に対する姿勢

知育偏重・体育軽視、かてて加えてその体育自体もスポーツ技術偏重・スポーツマンシップ軽視の傾向の強いわれわれの姿勢は、そっくりそのまま外国語の教育に対するわれわれの姿勢でもありそうである。

戦後一貫して削減され続けてきた中学校の外国語授業時間数は、いまやついに国際的にみても最低のレベルにまで縮小されてしまった。その上、平成3年の大学設置基準の大改正により、大学の外国語科目までも、ますます軽視され縮小の動きが目立つ。

そしてその外国語教育自体も、コミュニケーション能力という名の外国語技術の偏重が進み、異文化理解教育などは、いわば単なる「タテマエ」にすぎない。

いや、「タテマエ」ですらないと言ったほうが正しいかもしれない。たとえば、文字通り、異文化理解の決定的な欠落のために無謀な戦争に突入し、しかもその戦争に完全に敗北した戦後のわが国で、なおも英語の教育について、英語英文学界の指導者たちが説く次のようなよく知られたことばを思い出してみるとよい。

［英語教師を大工にたとえて］カンナひとつ満足にかけられないくせに、いっぱし住宅論をぶつような大工に、世間は用はないのである。(1)

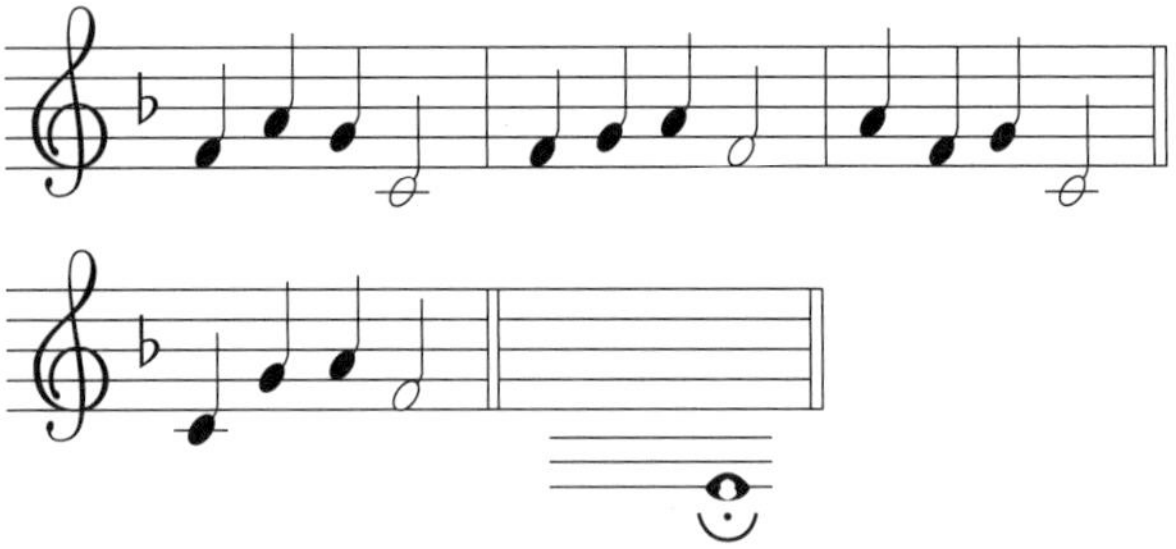

日本の学校教育での英語科を、教養のためだの、文化吸収のためだのと考えるとすれば、これはヘソの方で茶をわかすはず。およそ教養、文化などというものとは無縁のはずである。[2]

これらは、明らかに異文化理解教育の明確な否定である。これを体育でいえば、勝つためのスポーツ技術の習得こそが目的であって、スポーツマンシップの涵養などと言えば、それだけでヘソの方で茶をわかす、ということになる。わが国における長年のそんな英語教育が、はたして何を生み出してきたのであろうか。

上のメロディーは、日本全国津々浦々の学校で耳にするおなじみのチャイムのものである。

しかし、このチャイムはいったい何なのか。どこで出来たメロディーなのか。これをテープで聴かせて、関西のある大手私立大学の12クラス６９８人、同じくある大手国立大学の23クラス１０７４人の学生に、アンケート用紙で答えさせてみた。結果はまことにショッキングであった。

最も多かったのが「文部省製作のチャイム」、次が「ディズニーランドのチャイム」、続いて「欧米の小・中学校のチャイム」。そして、正答者は1772人中、驚くなかれ、わずかの7人。実に0・4%にすぎないのである。しかも、その正答者のほとんどが実物をテレビや現地で聴いたものというから、学校ではまったく教わっていないということになる。日本の英語教育は、これほどまでに極端に異文化理解という名の「スポーツマンシップ」には無関心である。

日本の中学・高校の英語教科書で、イギリス国会議事堂の写真を一度も載せなかったものが、はたしてあるであろうか。生徒は高校卒業までには何度となくテムズ河畔に建つイギリス独特のあの垂直様式のゴシック建築を眺めてきた。そして、イギリスを訪れる日本人の多くが、実際にテムズ河畔に立ってこの国会議事堂の建物を眼のあたりにして、はじめて本当にイギリスへやって来たという実感を味わうと言う。

テムズ河の対岸から見ると、この建物の右端にそびえる高い時計塔の鐘をビッグベン（Big Ben）と呼び、その鐘の美しい音色はBBC放送の時報として毎時間全国に流れ、イギリス人にとってはビッグベンの響きは「イギリスの心臓の鼓動」とさえ言われていることも教わっているはずである。そこまで教えながら、なぜ肝心要のビッグベンのメロディーだけは全く教えようとしないのであろう。そしかも、その手間は少しもかからないではないか。われわれの授業の開始や終了を告げるあのチャイムこそが、それなのであるから。

日本の児童・生徒たちの多くは、登校すれば少なくとも日に数回、高校卒業までには実に2万回以上も、ヘンデル作曲のこのウエストミンスター・チャイム（Westminster chimes）を聞いて育つ。しかしながら、まことに信じ難いことに、彼らにとっては、この聴きなれたメロディーと、英語教科書に出てくるビッグベンとはまったく別物であって、相互に何の関係もない。日ごろ、われわれが何の気なしに聞き流しているこのメロディーに合わせて、イギリス人は次のような平明な祈りの詩を口ずさむことなど、おそらく予想もしないであろう。

All through this hour　　この一時間の間、
Lord, be my guide,　　主よ、私を導き給え、
And by Thy power　　主の御力によりて、
No foot shall slide.　　足を踏みはずさぬように。

われわれの外国語教育は、実はこれほどまでに視界は狭く、英語技術偏重に陥ってしまっている。イギリス人のことばを教えながら、彼らの生活に深く根ざした「イギリスの心臓の鼓動」などには、とんと無関心である。外国語教育は「教養、文化などというものとは無縁」であれという先の教訓は、見事に生かされているのである。

●「リンギストシップ」を引き出す教育

イギリスのパブリックスクールは、単なる勝負を競う競技から、高い人間的価値としてのスポーツマンシップを引き出して、それを正当に学校教育の中に位置づけた。同様に、わが国の外国語の教育についても、単なる言語技術の教育から、高い人間的価値としてのいわば「リンギストシップ」（'linguist-ship'）を引き出す教育の必要を本気で考える時期に来ているように思われる。それは、単なる目先の実用を超えて、言語・文化の多様性と相対性に目覚め、その価値を積極的に認めようとする姿勢と言ってもよい。

そのためには、おそらくいくつかの発想の転換が必要であろう。たとえば、本来1つであった言語が、多様な言語となって地球上に散らばったという例のバベルの塔の物語は、一般には人類の不幸の根源のように考えられやすい。その立場に立つ限り、外国語の教育は、逆に唯一の人類共通語（国際語）を限りなく追い求めることになりがちである。わが国の「コミュニケーションのための英語」教育がそれである。

しかし一方、多様な言語の誕生は、不幸や混乱の根源とみるよりも、むしろ画一・単調でない、多様で豊かな人類文化をこの地球上に創造するための恩寵あふれる神の摂理と見る考え方も可能ではないか。言語が、単に情報伝達の手段にとどまらず、さらには人間的思考に不可欠な手段であることを思えば、学校教育における外国語教育は、当然、このような人間の多様な思考の様式に積極的に着目するものでなければなるまい。

現に、そんな動きは世界のいくつかの国々で、すでに始まっている。一種の「国際語」を母語として、一見、外国語教育の必要など少しもなさそうに思われる英語国で、かつてなく外国語の教育に力を入れ始めているのはその表れである。すでに1970年代から、イギリスの『パーカー・レポート』(*Parker Report*, 1986)や『学校カリキュラムにおける外国語』(*Foreign Languages in the School Curriculum*, 1986)、アメリカの『知恵の力』(*Strength through Wisdom*, 1979)、『どうすれば効果が上がるか』(*What Works*, 1986)などの報告書や勧告書が、国民教育としての外国語教育の緊急な必要性を強調し始めた。イギリスの児童・生徒は、すでに11歳から16歳までの5年間、外国語は必修教科となり、またアメリカの大学でも、全学生に外国語を必修とする改革に踏み切るところも出始めた。アジアやアフリカの「一般に教えられることの比較的少ない言語」('less commonly taught languages')の学習が奨励されていることをみても、いま英語国民が考えているものが、単なる目先の実用のための外国語学習でないことが理解されよう。

わが国では、英語が使えることが、そのまま「国際人」の条件ででもあるかのように言われることが多い。しかし、その英語が使える当の英語国民自身が、いま国をあげて外国語学習の必要に迫られていることの意味を、われわれは見落としてはならないと思われる。

〈2〉「発信型」英語教育

●「発信」を阻むものは何か

国家間の貿易不均衡が拡大すると、単なる経済問題が、深刻な社会・政治問題にまで発展することがある。日本のような出超黒字国よりも、アメリカやアジア諸国のような対日入超赤字国の場合がそれである。

外国語教育についても、ほぼ同様のことが言える。たとえば英語教育が、教育本来の問題から社会・政治問題化するのは、英語輸出国よりも英語輸入国、とりわけ、日本のように根強い入超「受信型」英語教育が幅を利かす国においてである。外のもの（製品）を単に読み・聞くという「受信型」から、内のもの（製品）を外に向かって積極的に書き・話す「発信型」に転じて、国際競争力をつけよ、語学的「日本病」を克服せよ、ということになる。国民のすべてを英語の実用能力者に仕立て上げようとする英語第2公用語化論や「英語が使える日本人の育成のための行動計画」などが出てくる所以である。

しかし、いかに精力的であれ、ただ声高に、内のものを外へ向かってPRして回り、売り込みを図るだけが「発信型」というものでもあるまい。おそらく、それでは外国語教育的「経済」の停滞を本当に打破することも、文化的「国際競争力」を強化することも望めないのではないか。むしろ、外国語教育的「日本病」を克服するために、いま、ここで押さえておかなければならないのは、もう少し本質的な問題、いいかえれば、「発信」を促すためのわれわれ自身の基本的、主体的な姿勢の問題ではないかと思われる。たとえば、「貿易」そのものをどう考えようとするのか、さらには「貿易」の対象となる「製品」として、何をふさわしいと考えるのか、といった問題である。これは、われわれがなぜ外国語を必要とするのか、そして、それにはどんな外国語がふさわしいと考えるのか、というふうに言い換えてもよい。

わが国の外国語教育の極端な「受信型」入超を生み出しているのは、突きつめれば、「国際語としての英語」に対する過度の信仰である。それが、世界でも類まれなほどの英語1言語一辺倒を当然と考えて疑わない風潮を生み出してしまった。この英語一辺倒ぶりについては、遠くはウィリアム・D・ホイットニー（William D. Whitney）から、近くはアルバート・H・マークワート（Albert H. Marckwardt）にいたるまで、当の英語輸出国側の英語専門家たちでさえも、強い危惧を示しているほどである。

その結果は、多様な世界に目を見開くはずの外国語教育が、実際には英語に血道を上げるあまり、それ以外の外国語には目もくれない偏狭な姿勢を生んでしまった。他者理解を旗じるしに、そのためのレディネスをもつはずの外国語教育が、皮肉にも、逆にその目的から次第に遠ざかる結果になりつつある。それどころか、本来、日本語を母語とするわれわれのための外国語教育が、いまや国語教育とは完全に切り離され、日本語はむしろ外国語教育のための阻害の要因とさえみなされることが少なくない。「日本人が英語を習得するうえで一番障害となるのは、自身の身体に染みついた日本語という言語そのものだ」などと英語教育専門誌が堂々と書くほどである。（『英語情報』2007年3・4月）このような風潮のもとで、真に活力ある「発信型」外国語教育など、どうして期待できようか。

●なぜ、とくに英語なのか

学校英語教育は、いまや「国際語としての英語」教育という聞こえのよい一枚看板を下ろすべきではないか。そして、「日本語から最も遠く隔たった言語の1つとしての英語」教育として、とらえ直される必要があろう。言い換えれば、日本語に欠けたものを最も多くもち、日本語とは対照的な文化圏の言語の1つとしての英語の教育である。英語が世界の「ミヤコことば」であると否とにかかわらず、日本語に対して最も強いカルチャー・ショックをあたえ得る言語の1つとして、その衝撃効果に注目するのである。その意味では、ドイツ語やフランス語などに比べて、英語が格別の取り扱いを受ける根拠は乏しい。この視点を欠いては、文化の多様性と相対性に着目する学校教育において、とくに外国語教育の存在理由を主張し続けることは困難とみなければならない。

当然のことながら、英語という「国際語」を母語にもつ英語国では、「国際語としての外国語」教育は、とっくの昔に破産してしまっている。ところが、この一見うらやむべき立場の英語国民が、長い外国語教育不振時代を経験したのちに、いま、やっと異文化理解のための外国語教育の緊要性に目覚め始めた。それも、印欧語以外の、英語とは対照的な性格の言語に関心が集まっている点を見逃してはならない。

わが国でもかつて、日本語共栄圏をめざして、外国語教育を不当に抑圧した一時期があった。しかし、軍部のこの言語教育政策も、日本語をアジアの共通言語にしようとした「国際語」志向の立場からすれば、至極当然の政策であった。しかし、戦後のわれわれの間には、その政策に対する反省が十分であったとは思われない。それが証拠に、戦後もわが国が経済的発展を遂げるにつれて、われわれが外国語を学ぶ代わりに、相手に日本語を学ばせようという考え方が、またぞろ頭をもたげてきたことは、まだわれわれの記憶に新しい。

こうみると、学校外国語教育本来の意味が、もっとも純粋な形で問われるのは、植民地や発展途上国ではなくて、むしろ、一見、外国語の必要性が相対的に減少したと思われがちな英語国や軍事大国や経済大国においてであると言えそうである。そして、国際語志向や大国語志向とは一線を画した外国語教育こそ、いわゆる多様な異文化理解に貢献するより強固で積極的な「発信性」をもつものと考えられる。

これを、われわれの英語教育についていえば、単に英語だけでなく、異質言語・文化一般の理解に対しても一定のレディネスをもつ教育である。したがって、このような英語教育は、最も近隣の言語・文化、たとえば朝鮮語・文化の理解に対しても、一定の有効性をもつはずである。

●周辺を見る目をどう変えるか

最近では、毎年240万人を超える日本人が韓国を訪れる。ところが、欧米へ出かける際には、ドロナワ式の英語会話でも練習しようとするわれわれが、韓国へ出かける場合には、ほとんどハングルひとつも習おうとはしない。

韓国では、たしかに欧米とは比較にならないほど日本語が通じる。少なくとも、年輩の韓国人のほとんどが日本語をいくらかは解する。しかし、これを便利と思うことはあっても、過去の不幸な歴史の結果として、心の痛みを覚える日本人観光客は決して多いとはいえない。たとえば、韓国人が日本語を身につけておいたお陰で、韓国も日本に倣って経済成長を達成出来たという類の発言をして物議をかもす日本人は後を絶たない。

母語を奪われることが、一体その民族にとってどれほどに深刻な悲劇であるか。これは、個別の言語文化に固有の価値を認めようとする英語教育の立場からは迫ることが出来ても、「国際語」という世界のいわば「ミヤコことば」に対する信仰に凝り固まった英語教育の立場からは、十分に肉薄することは難しいと言わなければならない。それはちょうど、明治以来のわが国の標準語教育が、それぞれの地方方言に固有の価値を認めようとせず、地方方言のすべてを「撲滅」「矯正」すべき「社会悪」

とみなして、一斉に切り捨てようとしたのと似ている。

日本人が、日本語だけで韓国旅行をすることを、当の日本人も、韓国人の側も、別に奇異には感じないらしい。ところが逆に、韓国人が、朝鮮語だけで日本旅行をすることは、まず考えられない。これは、日本を旅行する際のアメリカ人、アメリカを旅行する際の日本人とまったくパラレルな関係にある。英語を世界の共通語、朝鮮語を世界の周辺言語とみて、日本語をその中間に置き、それらをタテに一列に並べて考える「ミヤコことば」志向の立場からすると、韓国人、日本人、アメリカ人のそれぞれの反応は至極当然のものと映ろう。

ところが、3つの言語をヨコに水平に並べて考える言語の個別価値志向の立場からみれば、話は少々違ってくる。すでに前章で触れたように、日本語で韓国旅行の出来る日本人も、英語で日本旅行の出来るアメリカ人も、多様な文化に目を見開こうとするいわゆる「国際人」としては、決して本人たちが考えているほど恵まれているとは言いにくい。むしろ、彼らは自国語という1つの尺度を通してしか異文化をみることの出来ない、憐れむべき人々と映るはずである。本当に有利な立場にあるのは、むしろ自国語と相手語を、2つながら自由に駆使出来る、いわば2つの異なる尺度を通して多角的に相手を見ることの出来る対日韓国人、対米日本人の側であるとみなければならない。わが国の英語教育が「受信型」を脱皮できないでいるのは、ひとつには、以上のような問題について、独自の積極的な視点をもちあわせなかったからではないであろうか。

●ことばを見る目をどう変えるか

「国際語」を追い求める英語教育は、戦後この方、オイル・ショックに出会えばアラビア語に、日中国交回復が成れば中国語に、押されっぱなしで腰が定まらなかった。いままた韓流ブームで、朝鮮語人気である。

まず足許を固めるために、英語よりも朝鮮語を、という声も最近ではよく聞かれる。現に、大学入試センター試験の試験科目にも、ついに「韓国語」が加わった。「脱亜入欧」「アジア蔑視・欧米賛美」という批判は、確かに通りがよい。

しかし、外国語の学習は、何か国でも簡単にまわることの出来る外国観光旅行とは訳が違う。一生かかって、1～2か国語を習得出来れば上出来という代物である。当然、学習外国語としては、世界の多様な異言語・異文化一般の理解にとって、もっとも有効な言語が選ばれなければならない。それは、決して国際語や友好国語である必要はなく、先述のように学習者の言語にとって、もっとも異質で対照的な性格の言語であることが望ましい。異質言語の学習は、近隣言語の学習のためのレディネスにはなり得ても、その逆ではないからである。

日本の朝鮮語必修論者も、韓国の日本語必修論者もともに、朝鮮語と日本語が相互に類似の言語であることと、したがって学習が非常に容易なことを強調する。しかし、これはそのまま、両言語とも日・韓の学校外国語としては必ずしも最適ではないという論拠にしかならない。単に日本の学生だけではない。韓国側の学生も、目先の実用でない、真に幅広い異文化理解を志すなら、「最初の外国語」としては、日本語を避けて、出来るだけ言語的距離の遠い言語を学ぶことが望ましいと言わざるを得ない。

最近、わが国では、政府や大新聞までも、「韓国語」という名称を当然のように使い始めた。その理由として、(1)わが国が国交をもつのは北朝鮮ではなくて、韓国であること、(2)在日韓国系住人45万人に対し、在日北朝鮮系住人は15万人に過ぎないこと、(3)朝鮮という語感は韓国人に対する蔑視の意味に解され、心理的差別をともなうこと、(4)戦後60数年、南北の言語差が大きくなったこと、などがあげられている。

これに対しては、同じく言語・文化に関わる英語教育の立場からも、一定の独自の判断を示すことが出来るはずである。(1)言語は本来、政治的国境を超えた存在であること。「英語」は、アメリカでも「英語」('English' ∧ England) であり、一般に特殊な場合以外には「米語」('American') とは呼ばない。(2)言語は話者の数で計られないこと。スイスでは、話者わずかに0・5%のロマンシュ語も、ドイツ語、フランス語、イタリア語と並んで国の立派な公用語である。(3)「朝鮮語」は本当に蔑称なのか。アメリカの黒人は、一時は差別的に使われたこともあった'black'でさえも、いまや誇りをもって自ら'Black is beautiful.'と言い、自らの英語を'Black English'と呼ぶ。(4)言語 (language) と方言 (dialect) の区別が必要であること。あれほど方言差が大きいにもかかわらず、中国語は単一の言語である。旧東・西ドイツも、最後までドイツ語を2つに分けることはしなかった。

そして、かつて南北分断の結果をもたらす植民地支配を行った日本人の立場からは、この上さらに、朝鮮民族の言語の分断にまで手を貸してはならないという自省があろう。

異言語・異文化一般に対するわれわれ自身の主体的な態度の問題として、単なる物マネでない「発信型」英語教育のイミをこのようにとらえ直す必要がありそうに思われる。

〈3〉「量」からみた日本の英語教育

●日本人の「量」感覚

教育は本来、善きにつけ悪しきにつけ、多分にその民族や社会のメンタリティの投影である。とりわけ、今日のわが国の学校外国語教育のありようは、われわれ日本人一般の独特の心的傾向の見事な反映とも言える。それは、少なくとも、以下の2点において際立っている。

その第1は、教育の「量」に対する関心の希薄さである。

たとえば、それは、戦後、中学校の英語授業時間数が次第に削減されて、昭和52年に、ついに「週3時間」にまで縮小された折、その「週3時間」体制をめぐる論議のなかに、はっきりとうかがえた。「週3時間」推進派からは、それまでの「週4時間」の授業内容は、「授業内容を精選し、工夫すれば」、「週3時間」体制でも十分教育可能であるという主張が繰り返しなされた。ついには、「週4時間」に固執する考え方は、「英語教師の無能と傲慢さ」を示すものであるという意見さえ出て、口をつぐんでしまった「週4時間」派英語教師たちも多かった。これは、あの第2次世界大戦中、生活物資に困窮しながらも、「足りぬ足りぬは工夫が足りぬ」「贅沢は敵だ」「欲しがりません勝つまでは」のスローガンを大合唱していた頃のわれわれの姿に、どこか奇妙に相通じる光景であった。

古来、狭い国土に住み、貧しい生活を強いられていた時代が長かったせいか、日本人は一般に「量」的な「大きさ・豊かさ」に対して、いわば健気なまでにストイックな性向が強い。それは、逆に「量」的な「小ささ・貧しさ」を正当化し、美化する傾向に通じる。「物量作戦」や「物量に物をいわせる」やり方は、とかくこの国では共感を得にくい。「大男総身に知恵が回りかね」「山椒は小粒でもぴりりと辛い」と並べてみると、日本人は明らかに大男の側よりも山椒の側に立つ。「衆寡敵せず」などと口にすることを潔しとせず、「柔よく剛を制す」の発想を好む。

「量」で太刀打ち出来ない場合には、精神論的「質」に逃げ込むのもまた、日本人に広くみられる性向である。「一念天に通ず」と考え、「精神一到何事か成らざらん」と信じる。「量」の多寡など問題にしないという姿勢である。B29の空襲を受けて、もはや「竹ヤリでは間に合わぬ」と書いた『東京日日新聞』(昭和19年2月23日)に対して国民の非難が集中したことがあったが、こんな発想を、戦後のわれわれが完全に克服しきれているとは言いにくい。「質」に対する信仰は、依然われわれの間では、これほどまでに強い。

欧米では、「量」の問題は、純粋に「量」の問題として処理しようとする傾向が一般に強い。たとえばプロボクシングでは、試合の公平を期するために、体重別に、実に14種もの級を設けている。各級の体重差は3ポンドから最大で7ポンドどまりであり、制限体重を1ポンド超過しても対戦は許されない。これが「フェアネス」というものである。105ポンド未満のストロー級が、175ポンド以上のヘビー級と対戦するなどという「アンフェアー」な行為は、とうてい考えられもしない。「量」に対する考え方は、これほどに厳しいと言ってよい。

ところが、わが国ではそうではない。たとえば国技の相撲では、体重別の配慮など全く存在しない。体重96kgの小兵の舞の海が、実に258kgの巨漢の小錦と対戦しても、われわれはそれを少しも「アンフェアー」などと考えなかった。「量」の差については極めて鈍感で、むしろ闘志や技などの「質」に問題を転嫁しようとする。

外国語教育についても同様のことが言える。欧米では、外国語の到達度を示すために、外国語学習「200時間」、あるいは「300時間」などと、「量」を具体的に明示する考え方をとることが多い。当然、「200時間」と「300時間」では、学習到達度には明瞭な差異を認めるのが一般である。ところがわが国では、責任ある教育関係官庁までが、「週3時間」と「週4時間」の到達度をイーコールと考えてはばからない。欧米では考えられない「量」的無頓着さである。

●日本人の「国際」感覚

日本人の独特の心的傾向の第2は、世界の動向に対する関心の希薄さである。たとえば、日本の外交の稚拙さはすでに国際的に定評がある。その稚拙さの第1の要因は、世界の実態や動向が、われわれにあまりにも見えていないことである。

大部分の日本人はすでにきれいさっぱりと忘れてしまっているが、海外でいまだに語り草になっているのが、1974年1月の日本国首相の東南アジア諸国訪問である。当時の田中角栄首相は、東南アジア5か国の親善旅行に出かけたが、行く先々で思いもかけない激しい抗日デモに見舞われた。とくにジャカルタの抗日デモは、1965年のスカルノ政変以来の大暴動になってしまった。当然、わが首相は、親善行事もそこそこに、ほうほうの体で帰国する羽目になった。親善のつもりが、実際には、逆に首相が自らの手で、各国の抗日運動の火に油を注いで回る結果になった。

いうまでもなく、各国にはそれぞれに日本の大使館があり、外務省の専門の職員が駐在している。しかし、外交のプロであるはずの彼らは、現地のことばは出来ても、現地の人々のその程度の民意さえも、事前にほとんど察知していなかった。この事件は、日本人の「国際」感覚の乏しさを、改めて満天下に曝す結果になった。

それにも増して世界を驚かせたのが、１９９６年12月のペルー日本大使公邸人質事件であった。ペルーは、１９８０年代初めから反政府左翼ゲリラの活動が過激になり、そのために、その後20年の間に7万人もの犠牲者が出たといわれるほどであった。たしかにフジモリ大統領の登場によって、テロ鎮圧政策は一定の成果を挙げてはいたが、「ゲリラの国」のイメージが完全に払拭されたわけではなかった。

そんな折に、在ペルーの諸外国の要人を1か所に集めて行われた日本大使公邸の天皇誕生日の祝賀パーティーは、ゲリラ勢力にとっては、文字通り願ってもない攻撃の標的となった。この事件もまた、国際情勢に対する日本の外交官の信じがたいほどの認識の甘さを、広く全世界に露呈する結果になった。

他の国々、少なくとも仮にも「先進国」と呼ばれる国々では、あまり例をみることのないこれほどの国際的音痴ぶりは、単にわが外交官や政治家の専売特許ではない。

われわれ英語教師ならば、有名な聖句 'Physician, heal yourself!'（「医師よ、自分の病気を癒せ！」——『ルカによる福音書』4章23節）を「医者の不養生」などと教える。しかし、考えてみれば、その医者にくらべても、そしてわが外交官や政治家にさえも劣らず「不養生」なのは、実は、口を開けば「異文化理解」を説きながら、その実、自らは一向に異文化に学ぼうとする姿勢を示さないわれわれ外国語教師かもしれない。

この国の外国語教師は、英語国を含む世界の諸国が、とくに1980年代以降、かってなく真剣に取り組み始めた外国語教育の「量」的拡充・強化の動きに対しても、いかにも無関心である。したがって、わが国の外国語教育の、とくに近年の著しい「量」的削減・縮小の傾向が、世界のこんな大勢に真っ向から逆行するものであるという認識すらも、われわれの間には極めて乏しい。

●クラス・サイズと教師

われわれの「量」感覚と「国際」感覚の希薄さを最も端的に示しているもののひとつが、第1章にあげたわが国の外国語教科のクラス・サイズであろう。

現在、わが国・公立義務教育学校の学級編成基準は40人である。ところが、外国語教師の多くが、こんな現状を特段異常とも不都合とも感じていないかのようである。それが証拠に、来日したALTが一様にこんな大きなクラス・サイズにひどく驚くことを見て、逆にわれわれ日本人教師のほうが驚く。このALTの反応を、欧米人独特の贅沢やわがままと誤解する教師が、いまも少なくない。

こんなお国柄を反映してか、実に不思議なことに、すでに第1章で述べた通り、わが国ではこれまで、クラス・サイズと教育効果の関係についてのまとまった研究は、ほとんど全くと言ってよいほどなされてこなかった。

ところが欧米では、すでに90年以上にもわたる研究の蓄積がある。そして、すでに1980〜82

年の段階で、国際教育到達度評価学会（ＩＥＡ）の調査によれば、そんな欧米の主要な12か国中、中学校の一般教科のクラス・サイズが28人を超える国は、さすがにただの一国もない。その上、それらの国々では、とくに外国語クラスに限っては、そのクラスをさらに細分するのが一般である。これは大学レベルでも同様であって、たとえば、ハワイ大学の外国語のクラス・サイズは、上限を15人と定めている。海外からのＡＬＴが、日本の学校のクラスをみて、その大きさに驚くのは無理もない。

クラス・サイズに関して、われわれはこれまで、独自の調査や研究を行おうともしなかった。それでいて、海外の研究成果や教育実態に学ぼうとする姿勢もまた希薄である。そんな状態のままで、たとえば関西のある国立大学では、長年にわたって1クラス75人という英語の巨大クラスが存続してきた。ところが、同じ国立大学でも、少人数教育に慣れた外国からの留学生に対しては、日本人学生とは違った特別の扱いをする。たとえば、東京外国語大学の留学生向けの日本語クラスでは、クラス・サイズが8人を超えることは原則としてないと言われる。

日本の外国語教師が、外国語のクラス・サイズについてこれほどまでに呑気なのは、ひとつには海外滞在経験が乏しく、海外の教育的動向についての関心が相対的に低いことも考えられる。少なくとも、教育事情に関する「国際」感覚は、欧米諸国にくらべて大きく立ち遅れていると言わざるを得ない。

たとえば、日本の英語教師には、一部の私学を除けば、専任教師としては、英語国人もいなければ、英語国在住経験のある日本人教師も極めて少ないと言ってよい。バブル最盛期の1988年に大学英語教育学会（JACET）が行った調査の結果によれば、当時、1年以上の海外在住経験のある英語教師は、中学校で2・9%、高校で4・4%に過ぎなかった。その後、この数字が飛躍的に伸びたという話を聞かない。

すでに述べたように、政府は今日、5000人を超えるALTを海外から招致している。しかし、はるばる来日した彼等が、時にはその6割もが、1年後には契約更新をすることもなく帰国してしまうことを考えれば、その膨大な国のALT用予算の半分でも、なぜ日本人外国語教師の海外研修に使おうとしないのか。彼らなら、ALTとは違って、わずか1年どころか、定年に至るまで、長期にわたって海外研修の成果を教育現場に還元し続け、国民の血税をはるかに有効に活かすことが出来るはずである。なお、平成15年度、文部科学省派遣による日本人中学・高校英語教師の海外12か月研修者は、わずかの11人に過ぎない。

●外国語のカリキュラム

クラス・サイズおよび教師と並んで外国語教育の成否を左右する要因が学習時間である。これを中学校についてみると、戦後の昭和20年代半ばには週6時間もあった英語時間数は、学習指導要領の改正の度に減少を続けて、昭和52年には、ついに週3時間にまで縮小されてしまった。まさに半減である。これは、中学校の外国語としては、あの戦時中の中学校（旧制）をも含めて、明治以来最少の時間数である。しかもこれは、母語を教育言語とする世界の83か国中でも最低の時間数である。

当然、学習語彙についても減少の一途である。中学・高校を通して学ぶべき英語の総語彙量は、昭和33年までは上限6800語、昭和44年まででも4900語と定められていた。ところが昭和52年以後は、これが2300～2950語、そして平成に入ると2900語、次いで2700語程度にまで削減されてしまった。昭和33年までにくらべると、実に半減以下である。

このように、戦後、外国語教育を拡充するどころか、少なくとも「量」的には、逆に縮小し続けてきた国は、母語を教育言語とする世界の83か国中、日本を除いて他にはない。また、わが国のように、英語以外の外国語を事実上締め出している国も、フィリピンを除けば、他にほとんど例がない。その上、今世紀の初めまで、外国語を制度上、完全に必修教科から除外してしまっていた国も、83か国中、英語国ニュージーランドを除けば、わずかにわが日本ただ1国のみであった。

中学・高校だけではない。大学も、戦後の昭和20年代は、2外国語計16単位以上が必修と定められていた。それが、昭和30年代に入ると1外国語の必修となり、さらに平成3年の大学設置基準の改正以後は、大学の外国語教育は、まさに雪崩をうって削減・縮小を続けている。すでに、外国語の履修を一切必要としない大手の大学まで現われた。

戦後のわが国の中学校外国語教育の相次ぐ縮小は、もっぱら文部省の主導でなされてきた。これに対して、近年の大学の外国語教育の縮小は、大学自身の積極的な意思によって行われている点で、事態はいっそう深刻であると言わざるを得ない。

それでもなお、「贅沢を言わず、工夫をすれば」、教育成果だけは上向くはずであるという強い思い込みが、「量」感覚に乏しいわれわれの間にはありそうである。

〈4〉異文化理解と教科書

●外国語教育の一枚看板

わが国の学校外国語教育にとって、「異文化理解」という看板は、いわば一種の錦の御旗である。将来、英語など使う見込みもないという中学生たちにまで、有無を言わせず英語を教えてきたのも、実用の役にも立たないと渋る大学生たちにいわゆる第2外国語をほぼ強制的に履修させてきたのも、「異文化理解」の錦の御旗があったればこそである。これまで、わが国の学校外国語教育が、まがりなりにも外国語縮小論や廃止論を凌ぎきり、欠陥教育呼ばわりされながらも生き延びてこられたのも、ひとえに「異文化理解」教育という一枚看板のお陰であったと言えるかもしれない。

とすれば、その一枚看板に、もしも偽りありということにでもなれば、その途端に、学校外国語教育の存立の基盤は根底から大きく揺らがざるを得ない。現に、学校の外国語教育は、羊頭を掲げて狗肉を売っているのではないかと言ううわさは、すでに密かにささやかれ始めているともいう。しかし、外国語担当者の間には、そんな危機意識は、まだあまりない。少なくとも、学校英語教育が、その看板に掲げる「異文化理解」のために、どのように役立ち得るかという明確なメニューは、かつて提出されたためしはない。せいぜいあるのは、英語を教えていれば、将来いつか、何らかの形で「異文化理解」につながらないはずはないという淡い期待感のようなものにすぎないのではないか。

しかし、実際に学校外国語教育は、看板に違わず「異文化理解」に役立つと言えるのであろうか。それというのも、従来、英語に深い造詣をもつといわれる人々の間には、むしろ国際的な偏見を助長する言動をとる人々が目立ちすぎた。

●一対一対応と一対一不対応

わが国ではとかく、外国語さえやれば、われわれの「異文化理解」は自然に達せられるかのような素朴な思い込みが強い。しかし、実際には、外国語をやればやるほど、逆にわれわれの「異文化的偏見」が増幅される一面のあることには気づいていない。

たとえば、ＡＬＴである。ＡＬＴの数が増えるにつれて、わが国の教師や生徒の間には、彼ら自身の「望ましいＡＬＴ像」が次第に形作られてきた。それによれば、日本語を解し、日本人の耳に聞きやすい発音の英語を話し、プライバシーに関する生徒の不躾な質問にも快く答えてくれるようなＡＬＴに人気が集まる。日本人教師のなかからは、そんな条件をそなえた、とくに日系人のＡＬＴを増やすことを望む声さえ出るほどである。要するにこれは、われわれとの文化差の出来るだけ小さい、いわば日本人のコピーのようなＡＬＴが望ましいということである。

しかし、わが国の外国語教育が本当に必要とするのは、はたしてそのようなＡＬＴなのであろうか。一体、異質のシステムに目を開き、個別言語・文化の呪縛から自由になることを目指す学校外国語教育であるならば、逆に、むしろわれわれとの文化差が大きいほどより望ましいＡＬＴと考えるべきではないか。たとえ日本語を解さなくても、日本人に妥協しない発音の英語を話そうとも、他人のプライバシーに関する質問を好ましく思わない彼らのあり方を、身をもって示してくれるＡＬＴである。

一般にわれわれは、異言語・異文化間の対応可能部分に目を奪われて、その逆の対応不能部分については、不当に等閑視したり排除したりするきらいがある。しかし、われわれの国際交流の現場でも、あるいは外国語教育の場面でも、人間相互の偏見や誤解は、実は、両者の対応可能部分よりも、むしろ圧倒的に対応不能部分に起因しやすいことを忘れてはならない。「異文化理解」を目指す教育が、このような対応不能部分に、より強い関心を示すのは理の当然といえる。

「異文化理解」のあり方をこのように考えると、「異文化理解」に役立つ英語教科書とは、少なくとも2つの要件を備えたものでなくてはなるまい。

●敗北主義の英語教育？

その第1は、いわば「一対一対応」思考からの脱皮の姿勢であろう。とかく外国語教育を通しての異文化理解と言えば、かなり上級のレベルに達してはじめて可能な問題と考えられがちである。英語そのものもろくに読めなくて、何が異文化理解か、と言われる。しかし、異文化という対象を英語のパイプで吸い上げるというよりも、むしろ英語のパイプそのものの異文化性に注目するという発想は出来ないものであろうか。

たとえば、中学1学年の英語教科書の第1ページ目から出てくる'Betty' 'Bill' 'Dick' 'Nancy' などのファーストネームを考えてみるとよい。われわれの指導は一般に、これを単に「ベティ」「ビル」「ディック」「ナンシー」と言い換えるだけで、それ以上にはほとんど一歩も出ない。これでは、これらファーストネームが、わが「花子」「太郎」「実」「久美」などとそっくり対応関係にあるという誤解を広く生み出すのも、少しも不思議ではない。

しかし、「異文化理解」教育の立場から重要なことは、日・英語の間では、一般にそのような直接の対応関係は成り立たないという認識である。日本語なら「佐藤君」「鈴木さん」と姓で呼ぶところを、英語国の生徒は姓を使わずに、ほぼ100%ファーストネームの'Betty' 'Bill' で呼び合うという事実である。とくにアメリカでは、聖職者であろうと、医者であろうと、弁護士であろうと、職場の同僚同士ならば、お互いにファーストネームで呼び合うのが一般で、それをもしもDr. SmithやMr. Johnsonなどと呼ぼうものなら、ほぼ間違いなく'stiff and unfriendly'(「よそよそしくて親しみがない」)と敬遠されかねない。例の「ロン・ヤス」呼称の問題なども、首脳会談でいつも顔を合わせる首脳同士ならば、これは至極当然のことであって、ことさらに自慢してみせるほどの事柄ではない。

しかも、'Betty'や'Bill'は、ファーストネームの'Elizabeth'や'William'の愛称である。かつてのアメリカ大統領Carterは、自らをJamesといわず、愛称のJimmyを名乗ったが、わが国の総理大臣が自らを「コイズミ・ジュンちゃん」などと名乗ることは想像も出来ない。しかも、こんな文化差は、英語そのものの学習を通して、はじめて理解出来るものであって、翻訳によってその差を伺い知ることは容易ではない。しかし、日本の英語教育は、このようなコミュニケーションの重要な問題について、ほとんど無関心である。'Bob'は、単に「ボブ」と言い換えれば事足りるのである。したがって、中学・高校で6年間も英語を学んできたはずの日本の大学生でさえも、まことに驚くべきことに、この愛称を愛称とも気づいていない。

[表4―1]にあげたのは、中学・高校の英語教科書に繰り返し出てくる英米人のごく一般的なファーストネームの愛称である。中学や高校の教科書に出てくるのは、このファーストネームの、とくに圧倒的にその愛称の方であることを考えれば、この種の愛称が、英語文化ではいかに重要な役割り

［表4－1］

愛　　称	Aの正答人数（総人数356人）	Bの正答人数（総人数416人）	ファーストネーム
Betty	49	73	Elizabeth
Bill	36	63	William
Bob	27	60	Robert
Dick	0	6	Richard
Jack	3	0	John
Kate	48	64	Katherine Catharine Catherine
Nancy	12	9	Anna Ann(e)
Peggy	2	5	Margaret
Ted	0	0	Edward Theodor(e)

を果たしているかが理解できよう。

表の数字は、いわゆる入試難関校といわれる国立大学（A）と私立大学（B）の、いずれも英文科を含む文学部学生のうち、それぞれのファーストネームとその愛称の区別がついたものの数である。

その結果によれば、彼らのうち、英語ではあれほど頻繁に出てくる'Jack'が、同じファーストネーム'John'の愛称であることを知るものは、実に1％にも満たない。'Jack'と'John'の違いの指導は、中学の初歩レベルでも十分に可能な意味のある異文化理解教育であるが、これが大学まで、一貫して行われた形跡はない。それどころか、こんな指導は、大学の英文科でも行われることが少ないとみえて、愛称にわざわざ敬称をつけて

'Mr. Jack' とやったり、'Jack' と 'John' をまったくの別名であると思い込んで、'Jack is taller than John.' などと平然と教える英語教師はめずらしくない。日本人の書いた英文法書にさえ、この種の例文はこと欠かない。

この驚くべき実態は、英語教科書の「一対一不対応」の認識の希薄さと決して無関係とは思えない。この程度のことさえも手をつけないで、なお英語教育を通しての異文化理解教育が出来ないなどと言うとすれば、これは「敗北主義の英語教育」といわれても仕方がないかもしれない。

●自分流と相手流

英語教科書が備えるべき第2の要件は、いわば「自分流思考」からの脱皮の姿勢であろう。自分流と相手流が不対応の関係にある場合には、まず自分流とは異なる新しい相手流を謙虚に学ぶこと、これが「異文化理解」のための不可欠の第一歩である。ところが、海外の日本人団体旅行者のトラブルも、あるいは日本のALTをめぐるトラブルも、折角の相手流学習の貴重な機会でありながら、自分流尺度だけで一方的に押し通そうとする傲慢な態度に起因することが多い。しかも、この傾向は、日本の経済的成長とともに、とくに目立つようになった。

それとほぼ時期を同じくして話題になり始めたのが、すでに前章で触れた日本人名のローマ字表記の方法である。Taro Suzuki は、日本語流の姓+名の順序に忠実に、Suzuki Taro と書くべきであるという意見が目につく。長年にわたる英語帝国主義の支配を脱して，いまこそ日本人のアイデンティティを取り戻そうというのである。当然，英語教科書の記述にも影響をあたえかねない。

しかし，ここで忘れてならないのは，日・英語の姓名は，すでに述べた通り，それだけを取り出して，単純に一対一対応の関係で考えられる問題ではないということである。むしろ，もう少し広い視野にたって，それぞれの言語の構造の問題として考える必要がありそうに思われる。

たとえば，次の例のように，日本語は本来マクロ（東京）から順次ミクロ（太郎）に及ぶ構造をもつのに対して，英語はこれとは完全に逆の構造をとる。

123-4567	Thomas Pope
東京都千代田区	326 Washington Street
神田緑町1—2—3	Tappan, New York
鈴木太郎	New York 10983

したがって，もし英語教科書が，英語の文脈のなかで「鈴木太郎」を取り上げるならば，'Suzuki Taro' の表記法は，明らかにミクロ（Thomas）からマクロ（New York）へ向かう英語の構造とは相容れないものと考えざるを得ない。

このような自分流以外の相手流を学ぶことは、今日ではもはや決して19世紀的な文化的「敗北」や「アイデンティティの喪失」を意味しない。むしろ、21世紀的な知的「進歩」であり、文化的「成熟」と考えるべきである。現に、そのために、世界の大部分の先進国は、いまや国を挙げて相手流言語・文化の教育に乗り出している。新時代の外国語「教科書」は、こんな新しい「異文化理解」のあり方を明確に打ち出すものでなければならないであろう。

われわれの学校外国語教育が、もしも一部で言われるように「欠陥教育」であるとするならば、それは決して単に英語の会話や英語の作文が出来ないからではない。むしろ、文化的尺度の多様さに目を見開くどころか、特定の文化的尺度を唯一・最高のものと信奉する学生を、相も変わらず生み出し続けているためであると考えるべきではないか。

〈第5章〉
英語教師に問われるもの

〈1〉英語の文化的背景

●「翻訳者は裏切り者」

辞書と文法書さえあれば英語は読める、という「迷信」がわが国ではまだ根強い。英語と日本語が簡単に一対一対応をするかのように思い込まれているためである。そんなところから、英文和訳や和文英訳の技術が、そのまま英語理解のバロメーターと考えられたりする。

かつて、筆者担当のゼミナールでひとつの実験を行ったことがある。いくつかの有名な俳句や短歌をとりあげて、その英語訳をアメリカ、イギリス、オーストラリアの3国で日本語を解さない現地の人々に示し、彼らの反応を調査しようとするものであった。そのなかに、次のような芭蕉の句があった。

花の雲　鐘は上野か浅草か

この句には多くの英語訳があるが、なかでも、おそらく最も出来がよいと思われたのは次の訳であった。

The clouds of flowers,
Where is the bell from,
Ueno or Asakusa?

なんの誤解の余地もなさそうに思える英語訳である。しかし、調査の結果、これを見た英語国人で、原文の意味が正しく理解できたものは、先ずほとんどいなかったといってよい。彼らの多くが、意外にも、これを葬式の情景をうたった句と解してしまった。

そんな誤解を生む原因となったのは、主として'flowers'と'bell'の2語であった。日本語では、特定しない「花」とは、いうまでもなく桜を指す。「花見」といえば、一般に観梅でも観菊でもなく、観桜のことである。「敷島の大和心を人問はば　朝日に匂ふ山桜花」である。ところが英語国人の場合には、特定しない‘flowers’が桜を意味することはまずない。彼らは普通、バラやダリヤやチューリップなどを思い浮かべるという。

「鐘」も、われわれにとっては一般に古寺名刹の幽玄な梵鐘であるが、彼らにとっての‘bell’は、あのカン高い響きの教会の鐘である。そして、その‘bell’が一面の花の上に響き渡るとなれば、祭壇が花で覆われた教会の葬儀の場面を思い浮かべるのも無理はない。これはちょうど、*For Whom the Bell Tolls* の‘Bell’を、英語国人ならば弔鐘と解するのが当然であるのに対して、『誰がために鐘は鳴る』の「鐘」を、日本人の多くは弔鐘などとは思いも及ばないのと裏腹の反応である。

こうみると、「花」と‘flowers’、「鐘」と‘bell’程度の基本的な語でさえも、実は一般に考えられているほど簡単には一対一対応しないということがはっきりするし、さらにそのために、英語訳では、この句の原意は大きく歪められてしまったということがよくわかる。

今日、『万葉集』４５００首の英訳本がすでに2種類も完成し、日本文学の英語訳は年々増え続けている。しかし、日・英語の文化的背景に対する十分な配慮を欠いた英語版日本文学作品が、原作をどれほどまでに歪曲し、英語国の読者たちにどれほどの誤解をあたえる結果になっているかについて、これまであまり注意されたことはない。‘Translators are Traitors.’（「翻訳者は裏切り者」）、すなわち、翻訳は原作に似て非なるものである、というこの有名なことわざは、単に翻訳者が犯しがちないわゆる誤訳の危険をいうだけでない。さらに異質の言語・文化間の翻訳そのものに本来つきまとう障壁の大きさを教えるものと解すべきであろう。特に、このことわざは元来、17世紀のイタリアで出来たことわざであるが、当時、相互に類似性の高いヨーロッパ諸語間の翻訳についてさえもこのように感じられていたとすれば、日本語と英語のような異語族語間の翻訳となると、その障壁の高さは思い半ばにすぎるものがある。

なお、先の句の「花の雲」は、いうまでもなく、花曇りの空、あるいは一面に咲いた桜の花を雲にたとえたものであろうが、最近は、これを夜空を染める火事の煙と解し、「鐘」を半鐘ととる日本人学生もいるという。「喧嘩と火事は江戸の花」の連想が働いたものというが、単に異言語間だけでなく、すでに日本語自体の内部にも、世代によって原意の歪曲が進んでいるともいえそうである。

●『あたし猫なの』

日本語から英語への等価の交換が必ずしも容易でないということは、当然、逆に英語から日本語への等価の交換もまた、必ずしも容易でないことを意味する。それは、こんな例を考えてみればよく分かる。

『吾輩は猫である』には、少なくとも2種類のよく知られた英訳本がある。そして、そのタイトルはいずれも申し合わせたように *I Am A Cat* と訳されている。たしかに、これ以上の英語訳は困難であろうし、あるいは、これは唯一の適訳といえるかもしれない。しかし、こころみにこの *I Am A Cat* を、再び日本語に移しかえてみてはどうであろう。はたして、元の『吾輩は猫である』になるであろうか。

中学・高校生ならば、I am a cat. を日本語に移して「吾輩は猫である」と答えるものは先ずあるまい。英和辞典のほとんどが 'I' の日本語の相当語としては「私」をあげているだけである。ごく少数の大型辞典が「私」のほかにわずかに「僕」をあげているにすぎない。中学・高校生ならば、疑いなく圧倒的多数が「私（僕）は猫です」と答えるはずである。

しかし、よく考えてみれば、英語ではほぼ唯一の一人称単数代名詞といってよい 'I' は、日本語にすれば必ずしも「私（わたし、わたくし）」や「僕」になるとは限らないはずではないか。「あたし」や「うち」や「わて」や「おれ」や「わし」や「あっし」や「手前」や「こちとら」や「小生」だって構わない。場合によっては「余」「おいどん」「ちん」「拙者」「みども」「それがし」「まろ」「わらわ」だってよいはずである。多くの愛猫家にとっては、'I am a cat.' は「あたし猫なの」で少しもおかしくはない。とすれば、元来「吾輩」のつもりの 'I' は、ふたたび日本語に移しかえてみると、必ずしも等価の「吾輩」になるとは限らないことがはっきりする。「I＝私」式の英文和訳でこりかたまった頭には、日・英語間のこんな不等価関係も、日・英語の一人称単数代名詞がもつこんな背景の違いも、意外に、見えてこないようである。

すでに触れたように、個別言語に依存しない超民族的な普遍性をもつと信じられている数詞でさえも、それぞれに固有の文化的背景を背負っていることが多い。ただ単に、日本人選手が嫌う「44」の背番号を、英語国出身の野球選手が平気で身につけたり、英米人が13階や13号室を嫌うといったことだけではない。

たとえば、1951年にアメリカ上院軍事外交合同委員会で証言した元連合国軍最高司令官のダグラス・M・マッカーサーが、ゲルマン民族を45歳とすれば、日本人は12歳であると述べたことには、すでに触れた。有名な「日本人12歳説」である。同じ敗戦国民でも、ドイツ国民に比べて日本国民が大きく劣っていると言いたかったことはすぐに察せられた。しかし、11歳でも13歳でもなく、なぜ特に12歳でなければならなかったのか。その意味が当時の日本人には必ずしも十分に理解出来たとはいえない。それが証拠に、日本人は、もはや小学生でなくて中学生なのだとか、すでに元服可能な年齢だとかといった珍解釈も出た。「twelve＝ジュウニ」の一対一対応思考からは無理もないことであった。

しかし、これも「ジュウニ」ならぬ'twelve'のもつ文化的意味さえ考えれば、至極簡単なことであった。ほぼ完全な10進法をとるわが国では、10歳以上19歳までを「10代」と呼ぶのに対して、12進法の名残を強くとどめる英語国では、13（thirteen）歳以上を12（twelve）歳以下と区別して'teenager'と呼ぶにすぎない。壮年のドイツ国民に対して、日本国民はteenagerの少年にも達しないほんの子どもであると言いたかったのである。
このような意味での英語理解教育は、単なる英文和訳指導によって達せられるとはとても考えにくい。やや大胆にいえば、英文和訳などよりも、むしろ英語と日本語の対訳を使うことによって、より効果的な英語理解を得させることさえ不可能ではない。学習者が訳本を参照することを極度に嫌うのは、往々にして英文和訳作業一辺倒の教師だといえるかもしれない。

●プロの英語教師

日本でも広く読まれたパール・バックの *The People of Japan*（『日本人』）の中に、敗戦時の天皇の玉音放送について述べた次のような一節がある。

Once he [the emperor] had spoken, he was obeyed. That is why, when American troops landed on Japanese airfields, they were treated courteously. The emperor had decreed change, and there was change.（ひとたび天皇が命令を下すと、国民はそれに従った。だから、アメリカ軍が日本の飛行場に降り立つと、日本人は彼らを丁重に迎えた。天皇が変化を命じた。すると変化があった）

一見、何の変哲もない平明な英文である。しかし、簡単に読み過ごせない箇所がある。最後の文を読んで、もしその含意が汲み取れなかったとすれば、この文章をわざわざ英語の教材として教室で使う意味は、おそらく半減すると言っても言いすぎでない。

一般の英米人ならば、このくだりを読めば、直ちにあの『創世記』の冒頭の有名な一節、

And God said, Let there be light: and there was light.（神は「光あれ」といわれた。すると光があった）

のエコーを読み取るはずである。バックはここで、当時、現人神といわれた天皇と天地創造の万能の神とを明らかにダブらせている。辞書と文法書だけを頼りの英文和訳クラスでは、おそらくこの意味は読み取れるはずもない。

特にわれわれ日本人が英語を読む際に、その背景的知識として不可欠なもののひとつが聖書である。「イングランドは1冊の書物を信じる国民となった。その書物とは聖書であった」（'England became the people of a book, and that book was the Bible.'）というJ・R・グリーン（J. R. Green）の有名なことばの通り、聖書はまさに英語国民の生活の一部とさえいえる。当然、英語に対する直接・間接の聖書の影響ははかりしれない。たとえば、*The Kenkyusha Dictionary of English*

Quotations（『英語引用句辞典』研究社）を調べてみるとよい。本文全851ページ中、実にその40%にあたる339ページを聖書が占めているほどである。シェイクスピアでさえも218ページである。

ところが、わが国では、ある英語教師研修会で調査してみると、英訳・和訳を問わず、福音書を読んだ経験のある英語教師は全参加者中わずかに24%にすぎなかった。4人中3人までは、英語国民のバックボーンともいうべき聖書をまったく読まずに英語を教え、英語文化理解が出来ると考えていることになる。

アルバイト学生からベテラン教師まで、今日ほどネコも杓子も英語を教える時代はかつてなかった。それだけに、アマとプロの近接化がとかく問題になったりする。しかし、プロ教師をアマ教師から明確に分けるものは、ひとつには、おそらく以上のような英語の文化的背景に対する関心の深さであるといってよさそうである。

〈2〉プロとしての英語教師

●アマとプロの近接化

時代の進展とともに、人間の諸活動は次第に細分化され、専門化する傾向をたどる。すでに今日、たとえば遺伝子の組み換えさえも可能にした生化学や、驚異的な頭脳をもつコンピュータを生み出した電子工学などは、一般のアマチュアを寄せつけない極度に専門化したプロの領域になってしまった。もはや、かつてのルネサンス期の理想像「万能の人」の存在など考えられもしない時代なのかもしれない。

ところが、専門化が進むこんな時代に、アマチュアとプロとが次第に近接して、その境界さえ不分明になりつつあると思われる分野がある。おそらくそれは教育の領域であろう。とりわけ、それは英語の教育について顕著であるように思われる。

少なくとも、ラフカディオ・ハーンや夏目漱石が教壇に立ったころの戦前の中学では、まだ英語教師は本来英語を専攻し、そして英語のみを教えるいわばその道の専門家たちであった。ところが戦後の学制改革により、初期の新制中学の英語教師はほぼその80%近くまでが、本来、英語を専門としないアマチュア教師で占められることになった。他の教科ではとても考えられもしないことであった。もちろんその後、事態は次第に改善されてはきたが、いまだに英語1教科の専門家よりも、むしろ他教科との兼担可能の教師が重宝がられる風潮は根強いという。

その上、当の英語は日本人教師にとってはしょせんは外国語である。一生かかってもネイティヴなみの英語運用力を身につけることは容易でない。片時も英語辞書は手放せないし、英語語法の判定ひとつにしても、日本人教師の判断は往々にして無力であり、ネイティヴの判断こそ絶対と考えられる。こんなことからくるフラストレーションは英語教師に特有であって、他教科教師には考えられないことであろう。他教科教師は、国語にせよ、社会にせよ、数学にせよ、理科にせよ、ネイティヴの顔色などうかがう必要は少しもない。彼ら自身こそが、それぞれの教科についてのれっきとした「ネイティヴ」なのである。

一方、学習者、とくに大学生の側の擬プロ化の傾向も見逃がせない。近年のアルバイト白書によれば、わが国の大学生の90・8％が何らかのアルバイトをしており、そのうち32・2％前後が家庭教師や塾教師であるという。また、東京都教育委員会の調査では、都内の中学生が学校外で習っている教科の最高は英語であり、94％と他の教科を大きく引き離しているという。とすれば、今日の日本の約286万人の大学生・大学院生のうち、少なくとも70万人以上の学生が、アルバイトで英語を教えていると考えても大きな見当違いにはならないであろう。一口に70万人というが、これはわが国の中学・高校の全英語教師の約15倍にもあたる。今日のわが国の英語教育に対して、家庭教師や塾教師としての彼ら学生が、良くも悪くも、いかに大きな潜在的役割りを果たしているかということは、教育関係者の間でもう少し注目されてよい問題であろう。

アマチュアのはずの学習者が、一方でプロまがいに英語を教えているだけではない。最近の英語の教室の新しい現象として、ネイティヴなみの英語をあやつり、しかも海外在住経験のある児童・生徒まで現れはじめた。いうまでもなく、いわゆる海外帰国児童・生徒たちである。平成18年現在、英語圏、非英語圏をふくめて海外に在住する日本人の子どもで、義務教育相当年齢のものだけでも5万8000人以上にものぼる。そして、いわゆる異文化体験をつんで日本に帰国してくる同年齢の子どもの数は、毎年1万人を超える。英語国の生活体験を持ち、英語運用に何不自由のない児童・生徒に、英語国の生活体験もなく、英語運用にも十分な自信をもてない教師が英語を教えるという場面が、今後ますます増えてくると予想しなければならない。

英語教育におけるこのようなアマとプロの近接化傾向は、教職に対する大学生の姿勢にもはっきりとうかがえる。何よりも、英語関係学科以外の専攻生で英語の教職免許の取得希望者は、たとえば国語関係学科以外の専攻生で国語の教職免許の取得希望者よりも、一般にはるかに多い。先年、関西のある大学で、専攻を厳しく限定しないで一般英語担当の専任教員を公募したところ、何人もの理科系のオーヴァー・ドクターが応募して試験官を驚かせたことがあった。彼らは口々に「英語なら教えられる」と答えたというが、逆に、英文科のオーヴァー・ドクターが理学部へ出かけて行って、はたして「数学なら教えられる」「物理なら教えられる」と大見得をきることが出来るであろうか。

●プロ教師と英語運用

英語教育におけるアマチュアとプロの近接化の傾向は、それだけ他教科にくらべて英語教師の立場を厳しくしているとみなければなるまい。少なくとも英語のクラスでは、他教科のように教師の立場が学習者に対して絶対的に優位に立つとは限らない。現に英語の発音ひとつをとっても、最近の生徒のなかには教師を凌ぐ立派な発音をするものさえめずらしくない。

英語担当のプロ教師としては、先ずこんな認識は最低限欠かせないところであろう。そして、教師自身がこの厳しい事態をありのままに直視することからしか、アマチュアの追随を許さないプロとしての生き方は生まれてこないのではないか。その意味では、教師の不断の自己研修のためのテコとして、逆に今日の現状はまたとないうってつけの状況といえるかもしれない。

こんな事態を背景に、ついに文部省・文部科学省は、とくに教師の資質の向上を狙いとして履修単位の増加を図るなど、教員免許法の改定を重ねてきた。

しかし、とくに英語の場合には、本来、単なる教員免許法の手直し程度で問題が片付くほどことは簡単ではなかった。少なくとも、アマとプロの近接化に歯止めをかけるためには、学生の教職指導、教師の現職研修のいずれにも、かなり思い切った発想の転換が必要と思われる。それは、諸外国の外国語教育の実態を考えてみるとよくわかる。

たとえば、日本の英語教師とちょうど反対の立場にあるアメリカの日本語教師はどうか。彼らはほぼ3つのタイプに分けられる。第1のタイプは、日本から出かけて行って日本語を教えている日本人である。最近は、この種の日本人がずいぶんと増えた。第2のタイプは日系のアメリカ人である。当然ながら、日本人も顔負けの堪能な日本語を使う人が多い。そして第3のタイプはアメリカ人であるが、その大部分は日本での在住経験の持ち主である。以上のいずれのタイプの日本語教師も、ほとんど日本語で授業を行い、日本語の運用面で不自由をきたす人はめずらしい。

これに対して、われわれ日本の英語教師はどうか。第1のタイプ、すなわち英語国人の専任教師をかかえる中学・高校は、一部の私学などを除けば、まだ非常に少ない。第2のタイプ、英米系日本人となると、さらに一層めずらしい。圧倒的多数が一見第3のタイプの日本人教師であるが、しかし、アメリカの場合と違って、その90数パーセント以上が英語国在住経験をもたない人々である。教員資格に英語国在住経験が必要なわけでもない。それならばと、思い立って教師が自費留学を希望しても、解職覚悟ならともかく、まず許可される可能性は少ないといわれる現状である。同じ外国語教師とはいっても、アメリカと日本ではこれほどまでに際立って対照的である。当然、英語の運用力に自信はもてず、授業も日本語で行うことになるのも無理からぬことかもしれない。

日本と対照的なのはアメリカだけではない。事情はヨーロッパ諸国の外国語教師についてもほぼ同様である。たとえば、イギリスのフランス語教師は最低1年間のフランス在住経験が義務付けられる。たとえ同族語であり、歴史的に深い関わりをもつフランス語であっても、なおプロの教師としては現地の生活体験が不可欠の要件と考えられるのである。

こうしてみると、アマチュアならぬプロとしてのわれわれ英語教師に求められる英語の運用力とは、本来どの程度のものでなければならないかがはっきりする。そして、国際化や国際教育をうたうわが英語教育で、その実、国際的レベルからもっとも大きく立ち遅れているのは、何よりもわれわれ自身の英語運用力養成のための方策であるといっても間違いなさそうである。

●英語文化と学校教育

それでは、限りなくネイティヴに近い英語運用力を身につけることこそが英語教師の唯一の要件なのだろうか。事実、世間では一般にそう信じて疑わないようである。そして、理想の英語教師とは、英語を母語とするアメリカ人やイギリス人であって、日本人の英語教師は、しょせん彼らのアナをうめる代役にすぎないと考えられることさえある。

たとえば、実際に近年、「本場の英語の教師（助手）」として日本各地の学校に招かれるようになったALTを考えてみるとよい。彼らと親しく接してみると、個人としてはともかく、英語の教師としては多くの問題があることがわかる。かれらのほとんどが20歳代の若者であるが、その多くが日本へ来るまでに日本語や日本文化を学んだことがない。あるいは言語・文化一般についての関心も乏しい。教授法の知識も教育経験もないか、あっても少ない。日本の学校教育についての認識も十分でない。ただ英語がしゃべれるだけである。

その結果は、日本語を母語として、日本文化のなかに生まれ育った中学や高校の年齢の生徒たちに、とくに学校教育の場で、「第2言語」としてでなく、「外国語」としての英語を教えるという重要な視点がすっぽりと抜け落ちてしまう。自分の母語修得の体験がほとんど唯一の指導上の基準になったり、日本語を単に英語学習の阻害要因としかみなさない。いわばかつての植民地にみられた宗主国的言語感覚で日本の学校英語教育を考えがちである。彼らの念頭には、往々にして、英語というただ1つの文化尺度があるだけである。それでは、［l］と［r］の区別もなく、わずかに5つの母音しかもたない日本人を、生来音感に欠けた民族と考えたり、ふだんはにぎやかでも、外国人教師の前では押し黙ってしまう日本人生徒を不誠実だとか陰険だと思い込むのも無理はない。

しかし、ここではっきり押さえておかなければならないのは、すでに先に述べた通り、たとえいかに完全な英語の話者であっても、もし日本語や日本文化に対する相当の理解を欠いていれば、それは英語のインフォーマントではあり得ても、日本の学校における英語の教師とはいいにくいということであろう。その意味では、われわれ日本人もまた、日本語のインフォーマントではあり得ても、それがそのまま、外国人のための日本語の教師として適格であるとは、必ずしも限らないということである。つまり、言語・文化の多様性と相対性に目を見開き、偏狭な自己文化中心の姿勢から自由であろうとする学校外国語教育のあり方を考えれば、外国語の教師とは、単に当該言語の優れた運用力をもつだけではない。異なる言語・文化がもつ固有の価値に着目出来、異質の言語・文化の相互理解に対して偏見の少ない柔軟な姿勢をもてることが必須と考えられる。

かつて、日米企業間摩擦の緩和に尽力したエドウィン・O・ライシャワーは、その一連の経過を振り返りながら、これからの国際的企業には「もはや2言語の出来る'bilingual'では不十分で、2文化間理解の出来る'bicultural'な人材が必要である」と述懐したことがある。ライシャワーの指摘を待つまでもなく、異文化理解をどこかに置き忘れてきた異言語学習など、本来、異言語学習の名に値しないとも言えるのである。

このように考えると、プロの英語教師とは、異言語・異文化理解のプロ、すなわち他者理解のプロと言い換えてもよい。そして、この英語教師の特質は、その性質上、当然、単なる教授技術のレベルにとどまるものでなく、むしろ教師自身のものの考え方、感じ方、あるいは日常の生き方そのものと深く関わらざるを得ないはずである。この点でもまた、英語の教師は他教科の教師に比べて数段特異であるということが出来る。

したがって、ただ英語を教えればよいというのではない。他者理解のプロとしての英語教師ならば、たとえば自分が教える当の英語が、わが国では事実上唯一の学校外国語であって、その他の一切の外国語理解が締め出されている現状の上にあぐらをかいてはいられないであろう。異言語学習には血道をあげながら、一方、国内の異方言理解には極めて冷淡な奇妙な風潮にも無関心ではいられないかもしれない。さらには、地方別文化や性別文化や世代別文化の理解でさえ、他者理解の問題と決して無関係とは言いきれないはずである。これを逆にいえば、他者理解一般に対して強い関心をもち、そんな姿勢が実際に日常化・生活化していないところに、ただ遠い外つ国の英語・英語文化の理解だけが、突如、蜃気楼のように忽然と見事にそそり立つなどということはとうてい考えられるはずもない。

アマ・プロ近接化の状況のもとで、アマ教師からプロ教師をもっとも明瞭に分けるものは、案外、このような教師自身の心的態度そのものであると言えるかもしれない。

〈3〉英語教師にとっての「情報」

●教師の世界

かつて、日教組の委員長が、機会あるごとに「教師は、医師や弁護士と同じ専門職である」とぶったことがあった。いわれるまでもなく、教師が本来、教育の専門家でなくて、いったい何であろう。ただ、ここで注意したいのは、そんな自明のことを、ことさらにいま繰り返して強調しなければならないという事実である。こんな発言が出てくる背景には、おそらく日教組委員長自身か、それとも世間一般が、教育界には専門家でない教師が目立つと感じているからに違いない。これがもし医師会や弁護士会ならば、はたして会長がわざわざ「われわれは専門家集団である」などと世間に向かって断る必要があるであろうか。

こんな現状を、教師に対する周囲の無理解とみる見方もある。しかし、そういって済まされるほど、ことは簡単ではなさそうである。医師や弁護士に比べると、われわれ教師はとかくその専門性を問われやすい状況に置かれていることはたしかかもしれない。もちろん、医師や弁護士は医師国家試験や司法試験に合格した上に、さらに一定期間の臨床研修や司法修習まで義務付けられている。これに対して、教師の場合は大学か短大さえ出れば、すぐその翌日から教壇に立つことが出来る。しかし、そのことだけを言うのではない。

たとえば医学界では、わずか5年前には最新の知識であったものが、今日では時代遅れとなってもはや通用しないことさえめずらしくないという。今日の医師は、戦前の医師の20倍の専門情報を必要とするともいう。日進月歩の医学の世界では、専門職としての医師は、それに遅れないための自己研修を常に迫られているわけである。

弁護士についても事情は大差がない。時代の急激な変転につれて、当然、新しい法律が制定され、法解釈そのものさえも変化する。それにともなう新しい判例が生まれる。そんな動きに常に目を光らせることを怠っては、とうてい弁護士の仕事は維持できない。言い換えれば、医師も弁護士も、プロがプロであり続けるためには、常に最新の研究成果や専門情報に対する感覚をするどく研ぎ澄ましておくことは不可欠の要件なのである。

これに比べると、われわれ教師の場合には、新しい研究成果や専門情報に対する関心はさほど重要な要件とはみなされていないのではないか。少なくとも、今日の教師が戦前の教師の20倍の専門情報量を必要とするといった意識は少ない。それだけではない。今日では、その種の情報には無縁のはずのズブのアマチュアの学生までが、大手を振ってアルバイト教師がつとまる現状である。医師や弁護士の世界では、とうてい考えられもしないことである。最先端の専門情報をもつプロのいっそうのプロ化が進む時代に、教育の世界だけは逆に、アマとプロの近接化が広く進行しているとみられるのも無理からぬことかもしれない。

●世界の動き

しかし、本当に教育の分野だけは時代の動きに比較的無頓着でいられる別世界なのであろうか。諸外国でもはたしてそうなのか。たとえば欧米諸国の実情を、外国語教育関係に限ってみても、わが国とはかなり大きな違いのあることに気づく。最近、しきりに'Education for National Survival'(「国の生き残りをかけての教育」)などと言われるように、ヨーロッパの教育界は、時代の動きに鈍感どころか、教育に強い危機感をもち、むしろ時代を先取りしようとする積極的な姿勢が目立つ。そんな姿勢は、ヨーロッパ諸国にアメリカ、カナダなどを加えた35か国で合意した1975年のヘルシンキ協定にも表れている。その協定は、いち早くすべての加盟国に対して「相互の意思疎通を発展させる重要な手段として、外国語・外国文化の研究を促進すること」を明確に義務付けてしまったほどである。その後もヨーロッパでは、ユネスコやヨーロッパ評議会やヨーロッパ共同体委員会などが音頭をとってヨーロッパ諸国の教育大臣会議が頻繁にもたれ、外国語教育の改善・拡充のための数々の決議が採択され、教育に関する諸国間の共同研究・情報交換の緊急な必要性が確認されている。

そんな動向を反映して、たとえばヨーロッパ評議会の中には、その目的のための専門機関としての文化共同委員会（CCC：Council for Cultural Co-operation）が、すでに1962年段階で設立され、今日まで活発な調査・研究・広報活動を展開している。政治的国境を越えた全ヨーロッパにわたる外国語学習システムの開発など、CCCの主要プロジェクト'Modern Languages'（「現代の外国語」）についての詳細をはじめ、その活動の全貌が *Education in Europe*（『ヨーロッパの教育』）シリーズとして出版され、加盟国だけでなく、広く世界中の教師、特に外国語教師たちのために最新の貴重な専門情報を提供し続けている。かけがえのない人間を相手に、長い時間と忍耐と、そして莫大な費用を要する教育という大事業を成功させるためには、各地の教師たちが孤立せず、相互の研究・教育に基づく新しい情報を提供しあう以外に方法はないというCCC設立の趣旨は、とかく国際的な教育の動向に無頓着なわれわれ日本の英語教師にとって、銘記すべき警告ではないか。

この種の専門情報は、イギリスでも独自に編集され、*Language and Language Teaching: Current Research in Britain*（『言語と言語教育――イギリスの最新の研究』）として毎年出版されている。これはイギリス国内でその年に発表された言語および言語教育関係の目ぼしい成果を網羅したもので、イギリスだけでなく、国外の多くの語学教師たちにも広く活用されている。発行元は、1966年にイギリス教育科学大臣が設立したCentre for Information on Language Teaching and Research（CILT――言語の教育と研究に関する情報センター）であるが、この一事をもっても、イギリス政府の外国語教育にかける並々ならぬ熱意をうかがい知ることが出来よう。

教育専門情報の収集・整理という地味であるが、しかし教育のためにはとてつもなく重要な仕事に熱意を示すのは、単にイギリス政府ばかりではない。アメリカ政府の保険・教育・福祉省（現在の教育省）教育局がやはり1966年に設立したEducation Resources Information Center（ERIC――教育資料情報センター）は、教育関係各分野をカバーするさらにいっそう大規模な資料情報センター網である。資料はアメリカ国内はいうまでもなく、広く世界各国の一定レベル以上の教育・学術的価値をもつものだけが精選され、コンピュータ処理がほどこされて検索・利用が便利に行えるようになっている。2007年現在、その資料総点数は120万点以上にのぼる。英語教育関係はワシントンDCの応用言語学センター（Center for Applied Linguistics）の担当となっている。

●情報の発掘

ハンブルクにあるユネスコ教育研究所の現在の最大の研究テーマは「生涯教育」である。もはや学校教育だけではこの複雑で変転極まりない時代に対応しきれないという世界的な認識からである。しかし、これはなにも学ぶ側の生徒だけの問題ではあるまい。教える側のわれわれ教師にも、そのままそっくりあてはまるはずではないか。学生時代に受けた教職教育では新しい時代に対応できないとなれば、いきおい現職の自己研修がかつてなく重い意味をもってくるのは当然である。

しかし、そのために不可欠な内外の専門情報の収集・整理となると、国際化とは名ばかりで、わが国は官民ともにすこぶる消極的である。欧米からみれば、「情報鎖国」と呼んでよいほどである。そこでひとつ提案がある。

(1)国がやらないなら、わが国の英語教育関係団体が協力して、先ず国内の英語教育資料情報センター網をつくれないか。ＥＲＩＣミニチュア版でよい。場合によっては、これは大同小異の研究発表大会を行うよりもよほど有意義な事業かもしれない。(2)英語教育関係団体は、教師のための海外情報資料の利用をもう少し積極的に考えてはどうか。ＥＲＩＣなどを調べてみると、案外われわれの研究テーマは、海外ではとっくに研究済みの問題かもしれない。アジア、とくにシンガポールの地域言語センター（Regional Language Centre――ＲＥＬＣ）や韓国、中国、台湾などの実験などからも学ぶところは多いはずである。

こうはいっても、本当の情報とは本来、新聞受けの新聞のように、黙っていても先方からやってくる性質のものではない。むしろ自分の必要に応じて、自分自身で執拗に追い求めるものであろう。われわれのそんな姿勢の欠如が、教師を他の専門職から分ける結果にしたり、また日本版ＥＲＩＣさえも、いまだにもてなくしているのではないであろうか。

〈第6章〉新しい時代の異言語教育を考える

〈1〉21世紀を考えるために

●20世紀をどんな時代とみるか

いまから100年あまり前、夏目金之助（漱石）は熊本の第五高等学校で英語を教えていた。彼は19世紀末の4年間を熊本で教えて、19世紀最後の年の1900年（明治33年）に日本を発ってイギリスへ渡った。そして、そのイギリスで、彼は20世紀の夜明けを迎えることになる。したがって、漱石は、19世紀末の日本とイギリスを、ともに見ることの出来た数少ない日本人であった。

しかし、当時の日本では、「世紀」という歴史感覚は、まだ広く一般のものとはなっていなかった。1900年12月31日に、福沢諭吉は慶応義塾で「世紀送迎会」を行っているが、当時の日本では、これはまだ一部の特異な人々の間の特異な行事とみなされていた。漱石でさえ、「世紀末」ということばは、20世紀に入ってイギリスから帰国した後になってやっと使い始めている。

1900年のヨーロッパでは、漱石も見学したパリ万国博覧会が開催されていた。この万国博は、たしかに「進歩の19世紀」の「世紀末」を記念する催し物であった。この催しに「よき時代」(Belle Epoque) の到来を期待するヨーロッパ人の気持ちが込められていたことも否定は出来ない。しかし、当時のヨーロッパ人の間に、積極的な20世紀論があったかとなると、これはかなり疑問であると言わざるを得ない。19世紀のヨーロッパ人たちは、新しい20世紀に対して、過大な期待ももたなかったし、深刻な不安も抱かなかったようである。言い換えれば、彼らは19世紀の延長線上に新しい20世紀を置いて考えていたとみることが出来る。

ところが、それから100年後の20世紀の世紀末は、相当に様子が違っていた。来るべき21世紀論が極めて盛んであった。「世紀」が非常に重い意味をもち、その上、世界が加速度的に変化しているために、かつて19世紀人が抱いたような明るい未来への期待というよりも、むしろ、人類の将来や、あるいは人類の存亡についての不安さえつのっていた。21世紀論が盛んになるのも当然である。

エズラ・F・ヴォーゲルが『ジャパン・アズ・ナンバーワン』を書いたのが1979年であったが、その副題は「アメリカにとっての教訓」('Lessons for America') であった。第1章「アメリカの『鏡』」では、日本はアメリカが学ぶべき鏡であるとさえ述べ、第2章「日本の奇跡」では、他のいかなる国もなし得なかった経済発展を日本は成し遂げたと褒めちぎっている。それ以後、21世紀は「日本の世紀」などといわれるようになり、日本人自身もいくらかその気になった時期もあった。

ところが一方、たとえば中国の李鵬首相は、1995年にオーストラリアを訪問した際、「中国は、これからは日本がよいお手本になるのではないか」というオーストラリアのキーティング首相のことばに、「日本は、21世紀に入って20年もたてば、地球上から消えてなくなるだろう」と発言をしたことが報じられた。ヴォーゲルと李鵬とは、日本についてまさに正反対の予測をしたことになる。どちらの予測が正しいのか、それは歴史が明らかにするはずであるが、ただ、われわれは、とかく国の外の人間のいわばご託宣に、簡単に一喜一憂する傾向がある。自分自身の将来ならば、外国人の目を借りないで、自分自身の目で責任をもって予測することがあってもよいのではないか。21世紀に足を踏み入れたいま、つくづくとそんな感を深くせざるを得ない。

言うまでもなく、21世紀の姿は、いくら21世紀に顔を向け、目を凝らしてみても見えてくるはずもない。おそらく、21世紀論は、むしろ、われわれの歩んできた20世紀を、われわれ自身がどのようにみるかにかかっていると言ってよい。20世紀の見方次第で、21世紀の見方は大きく変わってくるはずである。そして、20世紀の日本を考えるために踏まなければならない手続きとして、いわば共時的な視点と通時的な視点、別の言い方をすれば、広く国際的な視点と歴史的な視点をしっかりと踏まえたものの見方がなければならないはずである。

●「戦争の世紀」

近年、20世紀を振り返って論ずる際に、異口同音に言われるのが、20世紀は「戦争の世紀」であったということである。これに対して異論が出ることは、まずほとんどない。たしかに、20世紀には2度の世界大戦があったし、ベトナム戦争もあった。歴史上、類をみない熾烈な戦いの連続が、少なくとも20世紀にあったことは否めない。しかし、戦争があったことをもって、それが本当に20世紀の特徴と言えるのであろうか。これが、20世紀を19世紀までと明確に分ける特徴と言えるのであろうか。

思えば、人間同士が殺しあう戦争は、ギリシャ、ローマの昔から、人間の歴史とともに今日まで、ほとんど絶え間なく続いてきた。かつてヨーロッパには百年戦争さえあったし、中国には数百年にも及ぶ動乱の時代もあった。残念ながら人間の歴史は、そのまま戦争の歴史といっても過言でないほどである。ただ、20世紀になって、戦争の規模が飛躍的に拡大したにすぎないとみるべきではないのか。

よく考えてみると、戦争の大量殺戮を可能にしたのは、ほかならぬ航空機の登場である。人間が陸路と水路を移動していた19世紀までと、それに続く20世紀とを大きく分けるのは、この点である。人間が陸路と水路しかもたなかったという意味では、19世紀までは、ギリシャ、ローマの時代とまったく違いはなかった。ところが、われわれは、20世紀に入り、はじめて第3の路の空路を獲得することになった。20世紀が19世紀までと決定的に違うのはまさにこの点であって、単なる戦争の問題ではないはずである。

先に漱石が１９００年にイギリスへ留学したことに触れたが、その時には彼はドイツ汽船プロイセン号で50日をかけてヨーロッパに渡った。２年数か月後に彼は、日本郵船の博多丸で、ふたたび50日をかけて神戸港へ帰ってきた。ヨーロッパへは、当時、往復ともに50日という日時を要していた。

漱石は１９０３年1月に帰国したが、その同じ年の12月に、アメリカのライト兄弟が人類最初の動力飛行に成功する。滞空時間59秒、飛行距離２６０メートルであったが、これをきっかけにして、航空機が飛躍的に進歩することはよく知られている通りである。結局、人間も鳥のように大空を自由に飛びたいと願ったギリシャ神話のダイダロス、イカロス父子の時代から数えても、実に２千数百年に及ぶ人類の宿願を達成したことになる。

ライト兄弟の初飛行の早くも6年後（１９０９年）には、ドーヴァー海峡の横断飛行、さらに10年後（１９１９年）には大西洋無着陸横断飛行が成功し、ライト兄弟から３分の1世紀が経って、１９３７年には、わが朝日新聞の「神風」が、東京・ロンドン間51時間の飛行を達成した。わずか34年前、漱石が50日かかった距離を、51時間で飛ぶことが出来るようになった。そして、それからさらに３分の1世紀後の１９６９年には、宇宙船アポロ11号が、人間をわずか4日ではるか天空のかなたの月面へまで送り込んでしまった。20世紀の初めには、空中を飛ぶことなど考えられもしなかった人類が、同じ世紀の半ば過ぎには、見事に月旅行さえもやってのけた。

これは、単に20世紀初頭の尺度が、もはや今日では通用しないというだけではない。20世紀は、それ以前の人類が何千年もかかって経験した以上の大変化を、わずか数十年の間に体験したことを意味する。しかも、その変化のスピードたるや、時とともに急激なまでに加速している。

こうして、航空機に代表される第3の路の獲得が、やがてそれが軍事的に利用されるに及び、とくに核兵器の開発と相まって、それまでとは大きく違った戦いの様相を呈することになった。従来は、一般に一騎打ちであった戦いが、20世紀には相手の顔を見ることもなく大量の殺戮を可能にする戦争の形態へと変化してしまった。特にそのために、戦闘員同士の戦いならともかく、多くの非戦闘員をも巻き込む悲惨な戦いが一般化するようになった。第2次世界大戦の戦闘員の戦死者は１５００万人といわれるが、非戦闘員の死者は、それをはるかに超える３０００万人以上にものぼる。戦闘員をはるかに上回る非戦闘員が犠牲になることなど、19世紀までは考えられもしなかったことである。

●第2次世界大戦の教訓

ヨーロッパを訪れるたびに痛感させられることは、ヨーロッパ人の間には、いまなお第2次世界大戦の傷跡が、日本に比べて、はるかに色濃く残っているということである。これは、木と紙で出来た日本の家屋は空襲で跡形もなく焼けてしまったが、石やレンガで出来ているヨーロッパの建物は、空襲や市街戦にも焼け残り、弾丸や破壊のあとを今日にとどめているという意味ではない。ヨーロッパ人の心の中に、いまもなお、あの戦争の記憶が鮮明に生きているということである。

たとえばイギリスでは、オックスフォードにもケンブリッジにも、イートンにもハローにも、ウェストミンスター寺院にも大英博物館にも、公園にも街角にも、戦没者の追悼碑が目につく。コヴェントリーにもリヴァプールにもドーヴァーにも、ナチスによって破壊された教会が、いまもそのままの姿で残されている。フランスでは、ナチスによって女性や子どもたちまで虐殺され、破壊しつくされたオラドール村が、惨劇を後世に伝える生き証人として、当時のままの状態で保存されている。

戦勝国だけではない。敗戦国ドイツでも、戦争犠牲者の追悼碑のほかに、戦争の悲惨さを伝える建物の残骸を各地にそのままに残している。ベルリンの目抜き通りのカイザー・ヴィルヘルム教会、ハンブルクの中心街のザンクト・ニコライ教会をはじめ、多くの建造物が戦火で崩壊したままの生々しい姿で永久保存されている。焦土と化した当時の街の模様を示すパネル写真が、復興した今日の街並みの写真と対比して、人目につく場所に掲げられている。

ところが、ドイツと同じ敗戦国の日本では、広島と長崎を除けば、焼け野が原になったはずの東京にも大阪にも名古屋にも、そんな痕跡はほとんどまったく残されていない。当時の街の惨状を後の世代に伝えるためのよすがは、何も残されていないといっても過言でない。それどころか、戦後の一時期、観光地ではハーケンクロイツのナチス党旗やそれを染め抜いたTシャツやハッピまで商品に仕立てて売り出すという無神経ぶりであった。ヨーロッパと日本の戦争に対するこのような姿勢の違いは、当然、戦後の異言語・異文化教育の違いになって表れている。少なくとも日本人には、戦争中の異言語教育に対する反省は極めて希薄であると言わなければならない。

●異文化理解教育の試み

第2次世界大戦が戦後のヨーロッパに遺した最大の教訓のひとつは、結局は異文化理解の地道な努力を重ねる以外には、戦争回避のカギは存在しないとみる非常に厳しい反省であった。速効は期待出来ないとしても、こんな努力を忍耐強く続ける以外には手立てはないという認識であった。そんな認識から「不戦共同体」の建設が構想され、それをヨーロッパの新たな国際的秩序とする以外にはないと考えられるようになった。そして、戦後のヨーロッパでは、そのための様々な方策が模索されてきた。

そのひとつが、自国文化の対外広報活動である。戦後は、国際的な相互理解のために、自国文化の対外的な広報を積極的に行うことが、それぞれの国の国際的責任と考えられるようになった。そのために、戦前は主として大使館広報部あたりで片手間に行っていたものを、戦後は各国が独立した専門の機関を設立したり、強化して、対外広報に力を入れるようになった。世界各地に置かれた英、仏、独、米および日本の、政府関連の対外広報機関は、[表6―1]の通りである。

現在、世界中で、フランスは実に223か所、GDPでは日本の3分の1以下の国になってしまっ

［表6－1］各国対外広報機関（か所）

国別対外広報機関／年	ブリティッシュ・カウンスル(英)	アリアンス・フランセーズ(仏)	ゲーテ・インスティトゥート(独)	アメリカン・センター（米）	日本文化会館（日本）
1983年	133	181	111	210	2
2005年	220	223	144	178	3

（調査：大谷泰照）

たイギリスでさえも220か所、さらに日本と同じ敗戦国のドイツも世界の144か所にそれぞれの対外広報機関を置いている。しかも、その数は、過去20年ばかりの間にも、確実に増加し続けている。今日、これらの機関を通して、各国政府は、戦前には考えられもしなかったほどに、自国文化の対外広報活動に力を入れている。

しかし、わが日本の場合はどうであろう。対外貿易についても、戦後処理の問題についても、歴史認識の問題についても、とりわけ厳しい国際世論の矢面に立たされることの多いわが国は、英、仏、独、米諸国にも増して、国際的に自らの立場を積極的に説明し、理解を深める努力が欠かせないはずである。日本の対外広報の専門機関は日本文化会館であるが、しかし、その日本文化会館は、1980年代には、世界中にわずか2か所に置かれているにすぎなかった。それぞれ、かつての日本の同盟国であるドイツのケルン（1972年設立）とイタリアのローマ（1972年設立）である。そして、2005年現在、それにフランスのパリに新しい日本文化会館が加わった（1997年設立）が、それでも世界中に、合計わずかの3か所にすぎない。日本文化会館よりは小規模の日本文化センターがジャカルタ（1974年設立）、バンコク

(1991年設立)、クアラルンプール(1991年設立)、シドニー(1992年設立)、北京(1993年設立)、サンパウロ(1994年設立)、トロント(1995年設立)にあるが、それらを加えても、日本の対外広報専門機関は世界中にわずかの10か所にすぎないという実態である。欧米諸国と日本の国際相互理解に対する熱意の差は、これほどまでに大きい。

広報機関だけではない。戦後は、各国の教育大臣が国際機構をつくり、異文化理解教育推進のために積極的な役割を果たすようになったのも、戦争の苦い経験に学んだためである。その結果、戦前は、多くの国々で随意教科にすぎなかった外国語教科が、戦後は国際理解教育強化のために、必要不可欠の教科とみなされるようになってきた。

ヨーロッパにはヨーロッパ教育大臣機構があり、全ヨーロッパの異言語教育の充実・強化のために活発に動いている。この機構を背景にして、1975年にはヘルシンキ協定が締結され、その協定の精神が発展して、後のEC、EUの「リングア計画」も生まれた。

さらに、アフリカにも、ラテンアメリカにも、同様の国際教育大臣機構があって、国際的な異文化理解教育の強化に取り組んでいる。これらは、いずれも前大戦の惨禍や民族紛争を教訓として生まれた機構である。

アジアにも東南アジア教育大臣機構がある。参加国は、ブルネイ、カンボジア、インドネシア、ラオス、マレーシア、フィリピン、シンガポール、タイ、ヴェトナムの9か国に、オーストラリア、カナダ、フランス、ドイツ、オランダ、ニュージーランドの6か国が準メンバーとして加わっている。この機構もまた、言語の研究・教育を通して、各国の異文化理解教育の振興を図ることを目指している。そのための専門の言語教育研究機関として、シンガポールに18階建ての立派な地域言語センターをもち、活発な研究・教育活動を行うことで知られている。

こう考えると、わが日本は、この種の国際教育大臣機構に参加していない数少ない「先進国」の1つであることがわかる。国際理解や国際協力に対するわが国の姿勢のありようを示すものと考えることが出来る。

〈2〉「戦争」の時代と「戦争修復」の時代

●EU誕生の意味

戦後のヨーロッパで、戦争抑止の具体的な努力の結果が最も明瞭に表れたものがヨーロッパ連合（EU）の誕生である。

ところが日本では、EUは一般に、日本の経済ブロックとアメリカの経済ブロックに対抗するための第3の経済ブロックとして生まれたと誤解されることが多い。たとえば、「もともと経済共同体として発足したＥＣ（ＥＵ）では……」「本来ＥＵは経済共同体に端を発する国際機関であるが……」などという記述が、学術書のなかにさえ出てくる。外務省ホームページの「ＥＵ情報」でさえも、ＥＵは「経済的な統合を中心に発展してきた欧州共同体（ＥＣ）を基礎に」して出来上がったものと述べている。ＥＵを、単なるヨーロッパの経済共同体としかみていないのである。しかし、ＥＵは本来、そのような目的で組織された機構では決してない。これは、戦後、疑いもなく世界大戦そのものの厳しい反省のなかから生まれた戦争再発防止のための機構である。

そんな理解を欠いた日本人には、日本とは反対に、対米関係を犠牲にしても、なおイラク戦争への参加を拒み通したドイツやフランスの姿勢を理解することは、必ずしも容易であるとは思えない。

ヨーロッパの大国のドイツとフランスは、20世紀半ばまでの80年ばかりの間に、普仏戦争（１８７０〜７１年）、第１次世界大戦（１９１４〜１８年）、第２次世界大戦（１９３９〜４５年）と、実に3たび戦火を交え、殺し合い、憎み合った。そして、周辺の国々は、そのたびに大きな被害を被り続けた。第２次世界大戦後の１９５１年に調印されたヨーロッパ石炭鉄鋼共同体（ＥＣＳＣ）は、戦争のために不可欠な石炭と鉄鋼の２つの資源を共同管理することによって、ドイツとフランスとの間のこれ以上の戦争を物理的にも不可能にするための、いわば戦争防止のための「壮大な実験」として考え出された。ドイツとフランスの和解、ドイツとフランスの不戦共同体、そしてドイツとフランスの主権の制限が、ヨーロッパ石炭鉄鋼共同体のねらいであった。

ECSCはその後EECとなり、さらにECに変わり、そしてEUへと発展して今日に至った。ECは、すでに1993年に加盟12か国の市場統合を実現して、加盟国間の経済的国境は事実上消滅した。その後、EUとなって、1999年、加盟11か国の通貨統合を行い、単一通貨「ユーロ」が導入された。「ユーロ」加盟国は、2001年にギリシャ、2007年にスロヴェニアが加わり13か国となった。

「通貨は国家なり」といわれる。通貨発行権は、課税権、国防権などとともに、伝統的な国家主権を構成してきたが、EU13か国は、いまやこの重要な各国の国家主権のひとつをも手放すことになった。たとえばフランスでは、彼らが誇りとするフランは600年もの長い歴史をもつが、この自らの個別通貨フランを、ヨーロッパ統合実現のために、あえて放棄する決断をした。

さらにEUは、憎悪と狂気と破壊の歴史に終止符を打つために、本来ならとうてい可能であるはずもない加盟国の司法の統合から、さらに政治的統合までも具体的な議題にのぼせているほどである。いわば、ヨーロッパ合衆国構想ともいえるものである。あれほどまでに互いに憎み合い、殺し合ってきた不倶戴天の敵同士の国々が、こともあろうに統合して、1つの「国」を成そうとしている。これは、19世紀はもちろん、20世紀も前半までの尺度ではとうてい考えも及ばない「実験」である。人類何千年の歴史の上でも、かつてなし得なかった、いわば科学技術の上でいえば、人類の月面着陸にも匹敵する政治・経済・社会上の革命的一大プロジェクトと考えることが出来る。

これは、いまや世界のいわゆる先進国の間では、18世紀末に出来た国民国家の境界を越えて、従来の地域単位、国単位の考え方が、部分的にせよ、すでに成り立たなくなりつつあることを明瞭に示すものである。人類は空路を獲得することによって、はじめてはるか宇宙のかなたから地球上のわれわれ自身の姿を、ひとつの小さな星の住人たちと見ることが出来るようになった。地球全体を、運命共同体としての「宇宙船地球号」や「地球村」などと呼ぶ呼び方が出てきたのは、それ以後のことである。そういう発想に、いまやわれわれは到達した。

その昔、渡辺はま子の「月が鏡であったなら」という大ヒット曲があったことを思い出すが、それがいまや夢でなく、現実のものとなってしまった。実際に月は鏡となって、月からわれわれは自分たちの地球の姿をはっきりと見ることが出来るようになった。

●「リングア計画」

EUが、加盟国の統合を進めながら、その一方で鮮明に打ち出しているのが、言語に象徴されるEUの多様性こそは、EUの文化的な価値であり、力であり、EUのアイデンティティの基本であるとする強い姿勢である。EUのいかなる言語も、いかなる方言も、EUの貴重な財産であり、そのような理解に目覚めることこそ、本来、「不戦共同体」「平和維持機構」として発足したEUの発展のカギであると考える。当然、EU市民にとって、多様な外国（異言）語能力は、EUの利点を最大限に享受するための必須条件とみられている。

したがって、今日のEU27か国の公用語は、それらの国々で話される合計23の言語であり、そこでは、いわゆる「国際語」の英語ですら、EUの統一公用語にはなり得ない。その多言語情況のために、EUでは2004年現在、7000人の翻訳者・通訳者をかかえ、年間8億8000万ユーロ（1180億円）という莫大な費用をつぎ込んでいる。これをEUは、再び国家間の戦争を引き起こすことに比べれば、はるかに「安価なコスト」であると考えている。

EC、EUの「リングア計画」(Lingua Programme) は、そのヨーロッパの「多様の中の統合」を実現するための、いわば必要不可欠の言語政策として、1989年、当時のEC加盟全12か国によって満場一致で可決された。統合ヨーロッパのすべての市民が、英語を母語とするイギリス人、アイルランド人をも含めて、ハイスクール卒業までに、少なくとも全加盟国の公用語のうち、母語以外にさらに2言語の運用能力を身につけようとするものである。自らの母語を犠牲にすることなく、その上にさらに2言語を習得することを必要と考えたのである。しかも、その2言語のなかに、「使われること、教えられることの比較的少ない言語」('less widely used and less taught language') をも1言語含めることを目指している。これまた、従来の発想では考えられもしなかった画期的な言語教育プログラムと言わざるを得ない。

最近では「英語の勝利」('Victory of English') ということが、至極当然のことのように言われる。

いまや英語の時代であり、英語なしでは21世紀は生き残れないとさえ、とくに日本では考えられがちである。近年の日本では、英語一辺倒どころか、教育言語そのものまでも日本語を使わずに英語に切り替えようとする風潮である。しかし、今日、国際的にみると、少なくとも教育の世界では、英語を唯一のリングア・フランカとはみなさないという動きも、また目立って増大しているという事実を見落としてはならない。

特に、このような考え方に立って、EU諸国の間では、大学の学生や教員が、実際に相互に国境や言語的境界を越えて交流し、教育や共同研究を行うなどの国際交流事業計画のエラスムス（Erasmus）計画が1987年に発足した。エラスムス計画の内容をさらに拡大したEUの教育分野の新しい行動計画のソクラテス（Socrates）計画も1995年に発足した。こうして、いまや毎年数十万人もの教員や学生の相互交流が、ヨーロッパ諸国の間では実現するまでになった。

●「水平に交流し合う」ことば

このEUの諸計画では、単に英語だけでなく、相互に相手の言語を学びあうことが求められる。これは、言い換えれば、政治・経済的一極集中の視点を離れて、むしろ多様な言語・文化的視点を重視するまったく新しい姿勢である。EU諸国のこのような動きは、政治・経済的一極集中がかかえる重大な陥穽について、われわれに多くの示唆をあたえてくれる。

たとえば、われわれのアジアでいえば、ヴェトナムはその好例のひとつである。ヴェトナムの学校外国語教育は、戦前の仏印と呼ばれた時代にはフランス語一辺倒、日本に占領されると日本語一辺倒、日本が敗れると英語一辺倒、さらに東西対立期にはロシア語一辺倒、そして東西対立が解けた現在では、再び英語一辺倒と目まぐるしく移り変わった。このわずか半世紀ばかりの間に、ヴェトナムの学校外国語教育は5たび次から次へと異なる言語への一辺倒を繰り返してきた。これは、政治・経済的一辺倒による無定見な外国語教育が生んだ、いまひとつのヴェトナムの悲劇であった。

植民地が宗主国のことばを学び、発展途上国が先進国のことばを学び、地方が中央のことばを学ぶという、従来は至極当然のこととみなされていた言語教育的姿勢を、EC・EUの「リングア計画」は、はっきりと否定したとみることが出来る。長らく「ことばは低きに流れる」といい慣わされてきた。ことばは高地から低地へ、中央から地方へ、宗主国から植民地へ、大国から小国へと流れるものと思い込まれてきた。しかし、ことばは垂直に上から下へ流れるものでなく、むしろ水平に相互に交流し合うことが必要であるという積極的な発想が、20世紀も後半に至ってEC・EUの学校教育のなかで、公式に、しかも国際的に認められることになった。これは、実は、人類史の上で見落とすことの出来ない画期的な出来事であると言わなければならない。

今日、国際政治のなかで、物理的「力」の比重が明らかに後退を続けている。物理的「力」に代わって、一般のいわば国際世論が次第に比重を増大してきた。とくに20世紀の後半、とりわけ冷戦の終了以後、この傾向は顕著である。しかも、これは言語や教育の在り方にも微妙な影響をあたえていることを、この際われわれは心得ておく必要があると思われる。

たとえば、わが国の子どもたちのおとぎ話も、その例外ではない。室町中期からずっと語り継がれてきた『桃太郎』は、日本五大昔話、すなわち『桃太郎』『かちかち山』『舌切雀』『花咲翁』『猿蟹合戦』のなかの筆頭昔話とされている。この『桃太郎』の話は、鬼が島の鬼退治をした桃太郎が、分捕った宝の山を、犬と猿ときじに引かせて、勝鬨をあげて凱旋することになっている。しかし、物理的「力」に物を言わせて勝った側が、負けた側の財産や領土を自由勝手に我が物に出来るという発想は、室町時代から、せいぜい20世紀前半までの発想である。いわゆる「先進国」といわれる国々では、20世紀の、とくに後半に入ると、もはやこんな考え方は通用しにくくなってきている。

今日、出版されている『桃太郎』の物語や絵本をのぞいてみるとよい。戦前や戦中の『桃太郎』で成長した世代には信じ難いことかもしれないが、今日の『桃太郎』には、たとえ鬼のものであれ、それを武力で奪って我が物とするという話は、もはや少数派になりつつあるといってよい。宝物は、鬼の側が自発的に差し出すことになっているものが、いまや最も一般的である。たとえば、

鬼　「桃太郎さん、お土産にこれ［宝物］を差し上げます」

桃太郎　「ありがとう。もうわるいことをしてはいけないよ。ぼくもまた遊びにくるからね。さ

ようなら」（小学館、昭和35年）

といった調子である。しかし、たとえ自発的に差し出されたものでも、簡単に受け取ってよいはずはない。わが国官庁の役人たちが、自発的に差し出された贈り物を受け取って罪に問われる事件は跡を絶たない。したがって、最近の『桃太郎』は、鬼の宝物を持ち帰っても、それを私するのではなく、桃太郎自身がそれらの宝物を元の持ち主に返して歩くという話にさえなる。（フレーベル館、昭和59年、など）

さらに、鬼が宝物を差し出すと、桃太郎は「宝物はいらん。お姫様を返せ」（福音館、昭和40年）と、宝物には目もくれず、捕らわれていたお姫様を救い出してつれて帰り、自分のお嫁さんにするというものまで現れる。ここには、鬼から奪った宝の山を、犬と猿とキジに引かせて凱旋するという、あのよく知られたフィナーレの場面はもはやない。要するに、かつて列強諸国が「力」に物を言わせて他国の領土を強奪したように、きび団子でつけた不思議な「力」に物を言わせて、他人の財産を強奪するという『桃太郎』は、もはや20世紀の後半には存在しにくくなったという事実は見落としてはならない。物理的・軍事的「力」も、いわゆる国際的な世論の動向を無視できなくなったのが、20世紀後半の時代であると考えることが出来る。

●イギリスの異言語教育の動向

「リングア計画」に代表されるEUの異言語教育政策は、もちろん、単に非英語国だけを対象とするものではない。いわゆる英語国においても、異言語・異文化理解のための教育は、われわれの想像を超える規模で行われている。

イギリスは、1960年代までは異言語教育の非常に低調な国であった。1960年代初めまでは、イギリス全国の11歳の児童で外国語を学んでいたのはわずかの25%、4人に1人にしかすぎなかった。ところが1970年代の半ばになると、11歳児童の80%が外国語を学んでいる。1980年代になると、実に90%以上という外国語履修率である。いわゆる「国際語」を母語にもつ英語国民が、なぜこれほどまでに外国語教育に力を入れるようになったのか。

イギリスの学校の外国語教育に対する関心の高まりには、いくつかの背景が考えられる。そのひとつが労働党内閣の誕生による教育改革である。また旧植民地からの移民の増大もそのひとつである。しかし、最も決定的な要因は、イギリスの国力そのものの低下である。かつての大英帝国が、いまや見るかげもないほどの没落ぶりである。「英語で間に合わないことはひとつもない」と錯覚して、「われわれには外国語の知識は必要ない」と思い上がっていたイギリス人の長年の英語文化中心主義が、やがては不幸な文化的偏狭を生み、それが、結局はイギリス人の文化的活力を奪うことになったという反省である。

イギリス政府は、これを単に政治や経済の問題とは考えなかった。いまや「英国病」は、政治や経済の問題というよりも、さらに根の深いイギリス人の心的態度の問題であると考えるようになった。サッチャー政権以来、イギリス政府が取り組んできた大胆な教育改革も、実はそんな考え方によるものということが出来る。とくに1987年、イギリスのGNPは、ついにイタリアを下回ってしまった。GNPでは、すでにドイツ、フランスには大きく水をあけられていたイギリスであるが、さらに、ストライキとインフレの経済とさえいわれたイタリアにも追い越されるという「屈辱の体験」を味わった。

サッチャー政権の教育改革は、われわれ日本人にとっても、まさに目を見張るほどの「過激な」ものであった。それは、イギリスの国際的な地盤沈下が、基本的には教育の欠陥に起因するものとみる厳しい自覚によるものであった。イギリスは本来、地方分権を伝統とするお国柄であるが、その地方分権主義をかなぐり捨てて、中央集権的な教育改革の断行に踏み切った。1988年の全国統一カリキュラム（National Curriculum）の導入である。この教育大改革は、カリキュラムを全国的に統一するだけでなく、全国的な査定（National Assessment）をも行おうとするものである。7歳、11歳、14歳、16歳の各段階で、全国統一の基準に従って学習成果の査定までも厳しく行うことになった。

さらにイギリスは、1992年からは、義務教育段階の学校において、外国語の必修化を断行した。いまや英語国イギリスでは、外国語は11歳から16歳まで5年間、原則として全児童・生徒の必修教科となった。提供する外国語は19言語にも及ぶ。もちろん、そのための教員は十分でなく、1992年当時、全イギリスで4000人もの外国語教員が不足していたが、イギリスはその教員不足のまま、外国語教育の必修化に踏み切った。教員が揃うまで待っていられないというほどに、イギリス政府は外国語教育の開始を差し迫った緊急の問題と考えていた。

それ以後、イギリスでは、義務教育の11歳から16歳までの5年間、原則としてすべての児童・生徒が第1外国語を学び、さらにその上、同年齢の25%の児童・生徒が第2外国語を学んでいる。

さらに今世紀に入ると、2002年、イギリス教育技能省は、国家言語教育改革計画「外国語の学習──すべての国民が、生涯を通して」('The National Languages Strategy for England 'Languages for All: Languages for Life')を発表した。この教育改革計画は、外国語の学習開始年齢をさらに早めて、2012年までの10年以内に、7歳から10歳までのすべての児童に対しても、少なくとも1つの外国語を学ばせ、さらに、それを社会人に対しても及ぼそうという思い切ったものである。

近年、わが国では英語帝国主義論が盛んである。イギリス人やアメリカ人など英語国民は、自分では外国語を学ぼうとしないで、われわれ非英語国民だけが英語を学ばなければならないことを不公平と考える日本人が増えてきた。しかし、実際には日本では、敗戦以来、今世紀の初めまでの半世紀以上もの間、中学は一貫して、高校でも昭和38年から47年の間を除いて、外国語は制度上は単なる1選択教科の扱いにすぎなかった。ところが英語を国語とするイギリスでさえも、外国語はイギリス国民にとって必要不可欠なものと考え、すでに義務教育段階から必修教科になっている。その上、義務教育で4人に1人の児童・生徒がさらに第2外国語まで学んで、EUの「リングア計画」の目標の達成に努めている現実を見落としてはならない。

ここで、このようなイギリスも加盟国のひとつであるEUに、もしもわが日本が加盟を希望したと仮定してみるとどうであろう。もちろん、現にトルコの加盟希望はあるものの、一般に、ヨーロッパ圏外の国の加盟はいまのところ考えにくいが、その点を除けば、日本ははたしてこのEUへの加盟の資格を満たし得る国であるのか。

まず、わが国の死刑制度は即刻廃止を求められる。EUは死刑を容認しないからである。金融機関の倒産が相次いだ日本経済が、はたして世界の金融危機の震源地となる恐れはないかという厳しい審査もある。たとえそれらの条件をすべて満たしたとしても、なお、わが国についておそらく大きな問題となるのは、多言語・多文化に対するわれわれの極端なまでの関心の乏しさであろう。戦後半世紀以上もの間、英語以外の外国語には見向きもしなかった日本人の特異な対異言語・異文化姿勢である。そんな異言語・異文化に対する偏狭な姿勢が問われるとするならば、日本のEU加盟は、それほど簡単に認められるとは、とても思われない。

●アメリカの異言語教育の現状

イギリスと同様に、アメリカもまた、英語の上にあぐらをかいて、外国語には無関心であると思われがちである。しかし、新しい外国語教育改革の動きは、このアメリカにも目立つようになった。たとえば、市民権運動に揺れたアメリカでは、1968年に画期的な2言語教育法が制定されたことはすでに述べた。この教育法の制定は、建国以来の英語単一言語政策を法的に否定して、多言語・多文化国家に向けて国内言語政策を大転換したことを意味する。

以来、アメリカでは「アメリカのスイス化」(A Switzerland in America) ということばが聞かれるようになった。スイスは、64%がドイツ語、20%がフランス語、7%がイタリア語、0・5%がロマンシュ語と、合計4つの民族語をもつ。しかも、その4つが法的に対等な公用語である。このような多言語が平等な共存関係をもち、しかも、それらが相互に交流しあう文化的環境こそ、単一言語国家ではなし得ない多様でダイナミックな文化を育み、今日のスイスの平和と繁栄をもたらした秘密であると考えるのである。

アメリカでは、国内言語政策だけでなく、外国語教育政策も大きく変化した。たとえば、1979年カーター政権の時代には、大統領委員会の注目すべき報告書『知恵の力』が出たことは先に触れた。この報告書は、英語という「国際語」を母語にもったばかりに、1970年代当時、アメリカ人の外国語能力は建国以来最低のレベルにまで落ちてしまったと述べている。高校生で外国語を1年以上履修しているものはわずか5％に過ぎず、外国語を入学の条件とする大学は8％にしかすぎないと、アメリカ人の外国語に対する無関心ぶりを厳しく指摘している。アメリカ政府の外務関係専門機関でさえも、職員の外国語能力の著しい低下ぶりを深刻に憂慮せざるを得ない状態であるという。先述の通り、当初、この報告書の表題は『アメリカ合衆国――耳も口も目も不自由な巨人』という厳しいものであった。アメリカも、外国語教育に対する国民の無関心さについて、これほどまでに強い危機感をもっていた。

しかし、報告書は、これを単に外交、通商などの実務面に及ぼす問題としてよりも、もっと本質的な、一国の文化の根本にかかわる重大なハンディキャップと考えている点を見落としてはならない。アメリカ人は、彼らがたまたま母語にもった英語という「国際語」を過信して、他民族・他文化理解のカギが、それぞれの民族の言語をおいて他にはないという紛れもない事実を忘れてしまっていたという。それが、ひいてはスプートニクでソ連に後れをとることになったと考えた。他民族・他文化に対する無関心が、このような形になって表われたことを思い知らされたのである。そして、アメリカのそんな自覚をかつてなく促したのがヴェトナム戦争の敗戦であり、それに続くアメリカの国際的地位の相対的な低下であった。

大統領委員会は、今日、アメリカの安全を何よりも脅かしているものは、「軍備の力」の不足よりも、むしろアメリカの「知恵の力」の欠如であると指摘して、幼稚園から大学院まで、一貫して外国語を最重要必修科目とする一大教育改革を断行するよう、強い危機感をもって勧告している。さらに報告書は、社会人に対しても、生涯外国語教育を行う必要を提言している。アメリカの外国語教育の流れをこのように変えるために、さしあたり必要な予算を1億8000万ドルとはじき出し、この金額は、アメリカの将来の安全を手に入れるためには格安であると述べている。イギリスの轍を踏んではならないという厳しい自戒である。

この報告書を受けて、アメリカでは次々と教育改革案が提出された。たとえば、「アメリカ国民への公開状」として発表された1983年の『危機に立つ国家——教育改革の緊急性』は、なかでも特に衝撃的な例である。ここでも、外国語教育を小学校から開始するよう、強い危機感をもって勧告されている。さらに1986年、連邦教育省は『どうすれば効果があがるか——教育と学習に関する研究』と題する小冊子を発行して、そのなかでも、外国語の学習を小学校から始めることを奨励している。そして1988年の大統領選挙では、外国語教育改革の問題が、選挙の大きな争点になったほどである。日本の総選挙では、外国語教育や異文化理解教育の問題が争点になることなど、とても想像することもできない。

アメリカでは、その結果、50州のうち40州の公立中学校で、少なくとも2年間は外国語の授業を設けるというところまでこぎつけた。大学では、外国語教育が次第に強化され、外国語を入学の要件とするところが25%にも増えた。大学の外国語履修率は1960年を100とすると、30年後の199

0年には183にものびた。これは、アメリカでは戦後最高の記録である。たとえば、ハワイ大学では1989年以来、すべての学生に外国語を2年間必修とすることになった。提供される外国語は30言語にも及ぶ。わが国の大学では、平成3年（1991年）の大学設置基準の改正以後、急激な外国語教育の非必修化、縮小化が進み、外国語の履修単位数では、ついに戦後最低のレベルにまで落ち込んでしまったのとは、まさに好対照である。

20世紀も末の1999年になると、アメリカでは建国以来はじめて教育・実業・政治・地域社会各界の合意の結果という『21世紀の外国語学習基準』（*Standards for Foreign Language Learning in the 21st Century*）が出た。それによれば、すべてのアメリカ国民が英語と、さらに英語以外に1言語、合計2言語の能力を身につけることを、21世紀のアメリカの言語基準とするという。

さらに21世紀に入り、2006年1月、ブッシュ大統領は「国家安全保障言語構想」（National Security Language Initiative）を発表した。9・11の同時テロは、アメリカが異文化理解の努力を怠ってきたこともその一因であったという反省に立って、幼稚園から大学院レベルまで、それぞれの段階の外国語教育を強化する必要を訴えたものである。とりわけ、従来、アメリカ国民の関心の薄かったアラビア語、中国語、ペルシャ語、ヒンドゥー語、日本語、朝鮮語、ロシア語、ウルドゥー語を、あえて「重要語」に指定しているのが注意を引く。そして、ブッシュ大統領は、この構想の推進のために、2006年度には1億1400万ドルの予算を計上している。

一見、外国語の学習など不要であるかにみえる英語国で、いま国を挙げて外国語の学習に力を入れ始めている。「英語で間に合わないことはひとつもない」、「英語さえ話せれば外国語の学習の必要はない」と思い込んでいたイギリス人、アメリカ人が、いまようやく自分たちの長年の錯覚に気づき、異言語・異文化に目を見開くことの必要を認め始めた。英語国の異言語教育の動向を、こんなふうにみることが出来る。

思えば、前大戦の開戦とともに、アメリカ人が日本語という外国語の研究・教育に積極的に取り組み始めた頃、目先の実用にとらわれすぎたわれわれは、逆に「英語という敵性語」の教育を不当に抑圧してしまったという苦い経験をもっている。そして、今日、英語国民が、自国語がそのまま「国際語」として通用する実用的便利さの陰にひそむ重大な陥穽に気付いて、異言語・異文化の教育という国民的大事業に乗り出そうとしている時、またしてもわれわれは、相も変わらず、目先の実用だけにとらわれて、「英語という国際語」を万能と考える愚を犯そうとしてはいないか。

●戦争修復の世紀

このように欧米諸国の動向を考えてくると、20世紀は、世間で一般に信じられているような単なる「戦争の世紀」ではなかったことがわかる。むしろ20世紀は、人類の歴史にかつて例をみない厳しい戦争の反省に立って、不戦共同体の構想が組織的な広がりをみせ始めた「戦争修復の世紀」であったと考えなければならない。かつては自国語で押し通して、自らは外国語を学ぶことなど考えもしなかった旧欧米宗主国までが、いまや国をあげて修復教育としての外国語教育に力を入れるまでになった。少なくとも、疑いもなく戦争再発防止のための組織として計画されたＥＵの出現や、そのＥＵがとる意欲的な言語政策は、明らかにその動かぬ証である。

異言語・異文化に対して、このような対照的な姿勢をとる「戦争」の時代と「戦争修復」の時代。いわばその劇的な分水嶺となったのが、20世紀の70年代から80年代にかけてであったと考えることが出来る。

[注]

●第1章

(1) Torsten Husén (ed.), *International Study of Achievement in Mathematics: A Comparison of Twelve Countries* (Stockholm: Almqvist & Wiksell, 1967).

(2) [表1―1]、[表1―2]、[表1―3]は、いずれも(1)のIEA報告書の資料を筆者が整理し直したものである。[表1―1]、[表1―3]については、参加12か国中、10か国のデータのみが対比可能であった。

(3) 泉井久之助「数詞の世界」『言語生活』筑摩書房、1973年11月。

(4) D. Pauling, *Teaching Mathematics in Primary Schools* (O.U.P., 1982), p. 33.

(5) このように数字に意味をもたせて記憶することは、朝鮮語や中国語の場合でも、日本語のようには上手くはいかない。

(6) 会田雄次『アーロン収容所――西欧ヒューマニズムの限界』(中央公論社、1962年)、111ページ。

(7) *Proceedings of the General Conference of the Protestant Missionaries of Japan* (Yokohama: R. Meiklejohn, 1883), p. 166.

(8) 他にも、*TESOL Quarterly*(1981年9月)や*New York Times*(1986年8月30日)などが、同様の結果を報じている。

(9) ドロシー・G・ウェイマン著、蜷川親正訳『エドワード・シルベスター・モース』下巻(中央公論美術出版、昭和51年）、60ページ。(Dorothy G. Wayman, *Edward Sylvester Morse: A Biography* (Harvard University Press, 1942))

(10) 水谷静夫『言語と数学』（森北出版、１９７０年）、３―７ページ。

(11) ＩＥＡ数学テストの結果についての最近の私見は、大谷泰照「日本人と異文化理解」『滋賀県立大学国際教育センター研究紀要』第2号（１９９７年12月）に詳述した。また、この問題に関する海外向けの初期の私見は、以下の形で発表済みである。この論文は、アメリカ教育省のERIC documentに収録済み。

Yasuteru Otani, 'The Influence of the Mother Tongue on Achievement in Mathematics: A Contrastive Study of English and Japanese,' *Workpapers in Teaching English as a Second Language*, University of California, Los Angeles, IX (June 1975).

(12) Edwin O. Reischauer, 'The English Language and Japan's Role in the World,' *The English Teachers' Magazine* (Tokyo: Taishukan), Vol. 10, No. 10 (Jan. 1962).

(13) Test of English as a Foreign Language の略。実施機関はアメリカのニュージャージー州プリンストンのEducational Testing Service。

(14) *TOEFL: Test and Score Data Summary, 1997-98 Edition* (Princeton: Educational Testing Service, 1997).

(15) １９６４～７１年分：Educational Testing Service における筆者自身の調査による。
１９７６～９８年分：*TOEFL: Test and Score Manual* (Princeton: Educational Testing Service) 各年版による。

(16) 実施機関は国際交流基金と日本国際教育協会。

(17) Donald L. Alderman & Paul W. Holland, *Item Performance across Native Language Groups on the*

Test of English as a Foreign Language (Princeton: Educational Testing Service, 1980).

(18) SSRC-ACLS Joint Committee on Japanese Studies, *Japanese Studies in the United States* (SSRC-ACLS, 1970), pp. 309f.

(19) 向山洋一「小学校英会話の授業づくりは中学校英語が世界最下位の力しかつけられなかったことを直視することから始まった」『教育ツーウェイ』(明治図書)、２００２年６月。

(20) 国立教育研究所『第２回ＩＥＡ国際数学教育調査の中間報告（国際比較）』国立教育研究所、１９８６年。

(21) もっとも、45人学級から40人学級へと法律が改正されたのは昭和55年度であったが、実際にすべての学年の学級編成が完了して40人となったのは平成３年度であった。

　ここでいう「学級生徒数」や、本論文で用いる「学級規模」とは、１学級当たりの生徒の実数で、教員１人当たりの生徒数とは区別して用いる。教員１人当たりの生徒数は、一般に１学級当たりの生徒数を下回るが、教員の定義そのものが国によって大きく異なる。

(22) 「第１５１回衆議院文部科学委員会会議録」第３号。

(23) 「第１５１回衆議院文部科学委員会会議録」第５号。

(24) 『毎日新聞』２０００年５月27日。文部科学省（当時は文部省）は、すでに第７次の計画段階当初から、40人学級に例外を認めることには消極的であった。

(25) 『朝日新聞』２００４年４月７日。

(26) 『朝日新聞』２００４年10月２日。

(27) 『朝日新聞』２００４年１月28日。

(28) 『朝日新聞』２００３年10月16日。

(29) 『図表でみる教育——ＯＥＣＤインディケーター（２００４年版）』明石書店，２００４年。

(30) J. S. Coleman *et al*., *Equality of Educational Opportunity* (Washington, DC: U. S. Government Printing Office, 1966).

(31) Gene V Glass & Mary Lee Smith, 'Meta-Analysis of Research on Class Size and Achievement,' *Educational Evaluation and Policy Analysis* 1979, 1.

(32) Gene V Glass *et al.*, *School Class Size* (Beverly Hills: Sage, 1982).

(33) F. Mosteller, 'The Tennessee Study of Class Size in the Early School Grades,' *The Future of Children* 1995, vol. 5.

(34) Alan B. Krueger & Diane M. Whitmore, 'The Effect of Attending a Small Class in the Early Grades on College-Test Taking and Middle School Test Results: Evidence from Project STAR,' *Economic Journal* 2001, 111.

(35) A. Molnar, P. Smith, J. Zahorik *et al*., 'Evaluating the SAGE Program: A Pilot Program in Targetted Pupil-Teacher Reduction in Wisconsin,' *Educational Evaluation and Public Analysis* 1999.

(36) U.S. Department of Education, *Class Size Reduction and Teacher Quality Initiative* (Washington, DC: U. S. Government Printing Office, 1998).

(37) *Ibid.*

(38) Brian M. Stecher & George W. Bohmstedt (eds.), *Class Size Reduction in California: Summary of Findings from 1999-2000 and 2000-0* (CSR Research Consortium, California Department of Education, 2000).

(39) *Ibid.*

(40) Christopher Jepsen & Steven Rivken, 'What is the Tradeoff between Smaller Classes and Teacher Quality?' *Working Paper 9205* (Cambridge, MA: National Bureau of Economic Research, 2002).

(41) Alan B. Krueger, 'Understanding the Magnitude and Effect of Class Size on Student Achievement,' *The Class Size Debate*, eds. Lawrence Mishel & Richard Rothstein (Washington, DC.: Economic Policy Institute, 2002). 数字は四捨五入されているために、合計は必ずしも１００％にはなっていない。

(42) Eric A. Hanushek, 'Improving Student Achievement: Is Reducing Class Size the Answer?' http://edpro.stanford.edu/eah/papers/size.pp.16.PDE

(43) Martin R. West & Ludger Woessmann, 'Crowd Control: An International Look at the Relationship between Class Size and Student Achievement,' *Education Next*, Summer 2003.

(44) http://christianparty.net/timssclassize.htm

●第２章

(1) 銀林浩「数学社会学のすすめ」『数学教室』（国土社）昭和45年８月。

(2) 國弘正雄『国際英語のすすめ』（実業之日本社、昭和47年）、９-10ページ。

(3) 大和田建樹『明治文学史』（博文館、明治27年）、４ページ。

(4) 森有礼 'Education in Japan'（明治６年）『森有礼全集』（宣文堂書店、昭和47年）第３巻、２８６ページ。

(5) 森鴎外「洋学の盛衰を論ず」（明治35年）『鴎外全集』（岩波書店、昭和49年）、第34巻、２２２ページ。

(6) *AERA*（朝日新聞社）２０００年６月19日。

(7) 『朝日新聞』２０００年４月４日。

(8) Kalervo Oberg, *Culture Shock and the Problem of Adjustment in New Cultural Environment* (Mimeo, 1961).
(9) Howard Lee Nostrand, 'Describing and Teaching the Sociocultural Context of a Foreign Language Literature,' *Trends in Language Teaching*, ed. Albert Valdman (New York: McGraw-Hill, 1966), p. 7.
(10) 『漱石全集』(岩波書店、昭和41年)、第9巻、14ページ。
(11) 同書、15ページ。
(12) 同書、第14巻、158ページ。
(13) 同書、48ページ。
(14) 『内村鑑三著作集』(岩波書店、昭和28年)、第1巻、354ページ。
(15) *The Writings of Lafcadio Hearn* (Boston and New York: Houghton Mifflin, 1922), Vol. 5, p. 12.
(16) *Ibid.*
(17) *Ibid.*, Vol. 16, p. 314.
(18) *Ibid.*, p. 188.
(19) 羽鳥博愛『英語教育の心理学』(大修館書店、昭和52年)、260ページ。
(20) W. Penfield & L. Roberts, *Speech and Brain-Mechanisms* (Princeton: Princeton Univ. Press, 1959), p. 255.
(21) Jack Seward, *The Americans and the Japanese* (Tokyo: Eichosha, 1976), p. 44.
(22) 武藤貞一「敵色の根源は英語だ」『報知新聞』昭和17年3月2日。
(23) ドナルド・キーン『日本との出会い』(中央公論社、昭和50年)、34ページ。
(24) 杉谷眞佐子「ドイツ連邦共和国」大谷泰照他編『世界の外国語教育政策——日本の外国語教育の再構築

にむけて』（東信堂、２００４年）、２５７ページ。

(25) 中野好夫「直言する」『英語青年』（英語青年社）、昭和18年2月1日。

(26) 中野好夫「夏日有感」『英語研究』（研究社）、昭和17年8月。

(27) 鈴木氏亨『菊池寛伝』（実業之日本社、昭和12年）、50-53ページ。

(28) 同書、１６８ページ。

(29) 尾崎行雄「目覚めよ、日本国民」『毎日新聞』、昭和25年6月11日。

(30) 伊佐秀雄『尾崎行雄伝』（尾崎行雄伝刊行会、昭和26年4月）、１３４６ページ。

(31) 田村洋三『沖縄県民斯ク戦へリ――大田実海軍中将一家の昭和史』（講談社、１９９４年3月）、３８０-８１ページ。

(32) 宇垣一成日記（昭和11年11月）。高田万亀子『米内光政の手紙』（原書房、１９９３年10月）、25ページ。

(33) 同書、24ページ。

(34) 阿川弘之『米内光政　上巻』（新潮社、昭和53年12月15日）、83ページ。

(35) 大橋良介『京都学派と日本海軍――新史料「大島メモ」をめぐって』（ＰＨＰ研究所、２００１年12月28日）。

(36) 反町栄一『人間　山本五十六――元帥の生涯』（光和堂、昭和53年12月8日）、４１５ページ。

(37) 阿川弘之『新版　山本五十六』（新潮社、昭和44年11月25日）、１７３ページ。

(38) 反町栄一　上掲書、４５０ページ。

(39) 阿川弘之『米内光政　下巻』（新潮社、昭和53年12月15日）、63ページ。

(40) 『元海軍大将井上成美談話収録』（水交会、昭和34年11月）。

(41) 井上成美「海軍兵学校と私」『海軍兵学校』（朝日新聞社、昭和45年）。

(42) 阿川弘之『井上成美』(新潮社、1986年9月25日)、345、355、365-6ページ。
(43) 同書。
(44) 鈴木一編『鈴木貫太郎自伝』(時事通信社、昭和43年4月1日)、200ページ。
(45) 'I must admit Roosevelt's leadership has been very effective and has been responsible for the Americans' advantageous position today . . . . For that reason I can easily understand the great loss his passing means to the American people and my profound sympathy goes to them.' . . . he quickly realized it as not strange coming from a man of large caliber as the new Premier is.
(46) 小堀桂一郎『宰相 鈴木貫太郎』(文芸春秋、1982年8月15日)、68ページ。
(47) 1945年4月19日放送。伊藤利男訳「ドイツの聴取者諸君!」『トーマス・マン全集10』(新潮社、1972年5月)、654ページ。
(48) 『日本海軍の本・総解説』(自由国民社、1984年12月25日)、23ページ。

●第3章

(1) David Abercrombie, 'The Social Basis of Language,' Harold B. Allen (ed.) *Teaching English as a Second Language* (New York: McGraw-Hill, 1965), p. 16.
(2) Edward T. Hall, *Beyond Culture* (New York: Doubleday, 1976), pp. 13 f.
(3) *The Daily Yomiuri* (1986年11月20日)。
(4) 梅棹忠夫「世界にひらく扉」『国際交流』(国際交流基金) 20号、1979年5月。

●第4章

(1) 平野敬一「職業意識と英語教師」『英語文学世界』昭和42年6月。

(2) 中野好夫「読む、書く、しゃべるということ」『学鐙』昭和45年3－4月。

おわりに

本書の執筆を熱心にすすめて下さったのは、編集部の池田恵一氏であった。もう10数年も昔のことになる。しかし、池田氏の度重なる慫慂にもかかわらず、原稿の完成が大幅に遅れたのは、実は、単に筆者の怠慢のためばかりではなかった。

平成4年（1992年）の春からしばらく、ブリティッシュ・カウンスルの派遣研究員としてイギリスに滞在したことがある。全国統一カリキュラム（National Curriculum）によって、イギリスの義務教育に外国語が必修教科として導入される直前の時期で、それまでは、外国語の学習など必要としないと考えられていた英語国におけるこの歴史的な教育改革の瞬間を、実地に自分の目で確かめるためであった。

その往路、ロンドンまでの機内で、ある総合電機メーカーの技術者と隣り合わせた。彼によれば、最近は日本の技術の指導のためにイギリスに出向くことが多くなり、世界に先駆けて産業革命を達成したかつての大英帝国を、はるか後進国であった東洋の小国の日本が、いまや手とり足とり指導しなければならないのだという。そして、「われわれはもはや、欧米に学ぶものは何もありません」と、自信に満ちて語った。これは、単にこの技術者に限らず、当時のわが国の経済関係者や技術関係者がよく口にしたことばであった。

こんなことばは、少なくとも１９９２年当時のイギリスを見る限り、確かに身をもって実感させられることが少なくなかった。

昭和62年（１９８７年）、わが日本国有鉄道（国鉄）は分割・民営化されてＪＲ（Japan Railway）となった。このＪＲは、いうまでもなく鉄道発祥の地、いわば鉄道の本家本元にあたるイギリスのＢＲ（British Rail）のひそみに倣った命名である。ところが、わが国鉄が倣ったそのＢＲが、それから5年後に、今度は逆にＪＲのあり方に倣うことになる。イギリス議会は１９９２年、赤字に悩む国鉄ＢＲを5年以内に分割・民営化することを決定した。お手本となったのは、民営化によって、国鉄時代には考えられなかったほどに、ストライキはほとんどなくなり、サーヴィスは格段に向上し、赤字は目に見えて減少したわがＪＲであった。こうしてイギリスでも、かつての国鉄ＢＲは、その後全国25社の民間会社に分割されてしまった。

イギリスが日本に倣おうとしたのは、鉄道だけではなかった。教育においてもまた、日本は彼らのお手本となった。イギリスと同じ島国の日本が、経済や技術でイギリスにこれほどまでの大差をつけたのは、基本的には両国の教育そのものの差によるものと考えられた。特に1980年代以降、イギリスが日本の教育に対して示した関心の強さは異常なものがあった。日本の教育に関する調査報告書や研究書が相次いで出た。たとえば、筆者がイギリスへ出かける直前の1991年の1年間だけに限っても、イギリスで出版されて広く注目された出版物には次のようなものがある。

レナード・J・ショウパ『日本の教育改革』(Leonard J. Schoppa, *Education Reform in Japan*, 1991)

マイク・ハワース『イギリスの教育改革――日本との比較』(Mike Howarth, *Britain's Educational Reform: A Comparison with Japan*, 1991)

イギリス視察団(教育科学省)『日本の中等・高等教育の諸相』(Her Majesty's Inspectorate (in DES), *Aspects of Upper Secondary and Higher Education in Japan*, 1991)

そして、1988年の全国統一カリキュラムは、地方分権の長い伝統をもつイギリスで、異例にも中央政府が乗り出して、教育現場や地方教育委員会の強い反対を押し切り、なりふり構わず日本式の教育の中央集権化を強行しようとしたものであった。従来の「ゆとり教育」をかなぐり捨てて、年間授業日数も日本を上回る42週まで増やし、そのうち6週はテストだけを行うという厳しさである。1992年秋からは、義務教育段階の外国語の必修化も断行した。

戦後、日本に数多くの「駅弁大学」が誕生した際、イギリス人はこれをむしろ批判的に眺めていた。大学の教育・研究のレベルは、大学の乱造によって大きく低下することは避けられないとみたからであった。しかし、実際には、戦後の日本の経済や技術の成長を支えたのは、古い大学とともに新しい数多くの「駅弁大学」の卒業生たちであった。ここに至って、イギリスもついに１９９１年、従来からの48大学に加えて、新たに45校のポリテクニックを大学に昇格させることに踏み切った。イギリス版「駅弁大学」である。こうしてイギリスの大学は一挙に倍増することになった。

日本に倣って変貌したのは学校教育だけではない。学校教育の担当官庁自体も変貌した。イギリス政府の教育担当機関は、長らく教育科学省（Department of Education and Science: DES）と呼ばれた。しかし、１９９２年7月6日（この年下半期の最初の月曜日）を期して、この教育科学省は新たに教育省（Department for Education: DFE）に改組された。改組当日、ウェストミンスター寺院そばの内装も新たなＤＦＥで面談した全国統一カリキュラム担当官は、改組の理由を「日本では、科学（science）は文部省とは別個の科学技術庁（総理府）の管轄でしょう」と説明してくれた。教育の質的向上のためには、兼担でない教育専門の責任官庁の設置が不可欠と考えたためである。

その意味では、日本の「文部省」は、たしかにイギリスが見習うべきお手本であったかもしれない。ところがわが政府の行政改革会議は、平成13年（２００１年）1月、その「文部省」を、こともあろうにイギリスが時代遅れとして廃止してしまった「文部科学省」に逆戻りさせてしまった。こんな日本の迷走ぶりを、「文部省」をお手本と見誤っていたイギリスは、はたしてどんな思いで眺めていることか。

このように、１９８０年代から90年代初頭のイギリスの動きをみれば、日本人技術者ならずとも、「もはや欧米に学ぶものなし」「21世紀は日本の世紀」と考えたとしても、少しも不思議はない。しかし、実はイギリス人は、当面は日本のあり方を見習いながらも、日本の将来については、必ずしも大きな期待を寄せていたとは考えにくい。

同じ英語国民でも、イギリス人が、アメリカ人といくらか違うのは、彼らが、かつての７つの海を支配したあの繁栄の絶頂から今日のような状況に立ち至った、いわば自らの明確な衰退の歴史をもっていることである。特に、全国統一カリキュラムに批判的なイギリスの研究者たちと話していて、そう感じさせられることが多かった。彼らの多くが、今日の世界ではすでに、一国だけの永続的な繁栄はもはやあり得ない、あるいは、あるべきでない、と考えているようにみえる。この点、楽天的なアメリカ人とは対照的である。

イギリス人たちは、大英帝国の繁栄は１５０年間続いたが、それにとって代わったアメリカの繁栄はわずか70年に過ぎず、１９８７年に、第１次大戦以来の純債務国、しかも世界最悪の対外債務国に転落した段階で、アメリカの繁栄は終わりを告げたという。そして、その後、日本がそのアメリカにとって代わったと考えられているが、その日本の繁栄は、アメリカよりもさらに一層短期で終わるものとみている風であった。そう考えてイギリスの新聞・雑誌類を注意して見ると、たとえば、イギリスの繁栄は150年に及んだが、アメリカはその半分の75年、そして日本の繁栄は、さらにその半分の30年程度で終わるであろうといった記事があちこちで目についた。『マネー・マネジメント』(*Money Management*, 1992年7月号)などのような本格的な経済雑誌までが、すでに1992年当時、'Japan: land of the sinking sun?'(「日本――落日の国か」)という特集まで組んだほどである。

こんなイギリス人の反応は、当時、バブルにバブルとも気づかず酔いしれていた日本では、ほとんど一顧もあたえられることはなかったが、実は筆者自身にとっては、イギリス人の日本に対するこんな見方はまことに衝撃的であった。それというのも、筆者はすでに昭和44年(1969年)に、幕末以来の日本人の対外意識にみられる自信過剰と自信喪失、いわば「反英」と「親英」のほぼ40年サイクルの往復運動を取り上げ、その第2回サイクルが完結して、新たな展開に入ったという私見を発表していた(「日本の異言語教育の動向」、昭和44年7月23日、八王子・大学セミナーハウスにおける大学英語教育学会夏季セミナー)。さらに、昭和60年(1985年)には、第2回サイクルに続く第3回の40年サイクルの完結の可能性について論じていた(「現代の学生とこれからの英語教育」、昭和60年10月26日、名古屋・椙山女学園大学における大学英語教育学会全国大会)。そして、イギリス人たちの当時の反応は、まことに偶然にも、筆者のこのような考え方を、事実上支持するものであったからである。

もしも、日本の繁栄は程なく終わりを迎えるという、このイギリス人たちの観察が正しいものであるとするならば、過去の40年サイクルの転換点はすべて戦争であったが、新たな第3回の40年サイクルの完結は、いったい何によってもたらされるのか。そして、その後に訪れるはずの日本人の恐らくは目を覆う自信喪失の惨状とは、はたしてどのようなものになるのか。これは、日本人の対外意識の変化の周期説を考えるためには、筆者自身が期して行わなければならないまことに残酷な検証であった。それはちょうど、両の乳房をガンに冒され、31歳の若さで逝った戦後歌壇の歌人・中城ふみ子が、自らの細り行く命を見つめながら詠んだ「冬の皺よせゐる海よ今少し生きて己れの無惨を見むか」の凄惨さを思い起こさせるものであった。（なお、その検証の結果は、「日本人の言語意識を問う」『滋賀県立大学国際教育センター研究紀要』第3号、平成10年12月、および「異文化接触の様態──近代の日本と日本人」『同研究紀要』第7号、平成14年12月、の2論文にまとめた。）

いまにして思えば、昭和60年（1985年）のプラザ合意は、実はバブルそのものの入り口であり、それが日本にとっていかに重大な岐路であったかということに、当時のわれわれはほとんど気づくことはなかった。時の竹下登大蔵大臣でさえ、自らを「円高大臣」と称して、その「成果」にいかにも誇らしげであった。そして、これもまたいまにして思えば、実は筆者がイギリスに出向いた平成4年（1992年）には、すでにその前年（平成3年）にバブルは崩壊して、平成大不況はひそかに始まっていたが、われわれがそれを実感するまでには、さらに数年の年月が必要であった。われわれが、バブルの後遺症のとてつもない深刻さを認識するようになるのは、北海道拓殖銀行（1997

年）、山一證券（１９９７年）、日本長期信用銀行（１９９８年）、日本債権信用銀行（１９９８年）と、立て続けに大金融機関の破綻が表面化してからであった。

このような文字通りの「己れの無惨」を見ることによって、われわれの対外意識は、ほんの10数年前には予想もしなかったほどの劇的なまでの急転回を遂げることになった。「もはや欧米に学ぶものなし」どころか、たとえば、この国の大学はいまや逆に、イギリスの大学に倣って法人化に踏み切り、イギリスの大学に倣って大学評価システムをとり入れ、イギリスの旧植民地シンガポールに倣って英語を公用語にしようとさえ考えるようになった。「21世紀は日本の世紀」どころか、財務大臣自らが、国会の場で国の財政破局が近いと口にするまでになり、国際的には、天文学的規模の不良債権問題をかかえた日本が、「世界恐慌の雷管」になることを恐れる声さえも出るまでになった。

こうして、幕末以来の日本人の対外意識の「ゆれ」は、その第3回目のサイクルを、疑いもなく１９９０年代前半をもって完結した。そして１９９０年代後半からは、われわれはまた、新たな自信喪失という「親英」のサイクルに足を踏み入れようとしていると考えることが出来る。このような日本人の対外意識の「ゆれ」の実態を実際にありのままに見届けるためには、１９９２年当時から、さらに10年余の時間が必要であった。

そして、「反英」と「親英」、「世界最高の数学学力」と「世界最低の外国語能力」という、いわば対立する2極間の意識の「ゆれ」を、いまなお克服しきれていないわれわれの深刻な実態をも、あらために明確に再確認することになった。

なお、本書中で触れた多くの方々のお名前は、すべて敬称を略させていただいた。引用文の仮名遣いは原文のままであるが、旧漢字は新字体に改めた。

第1章の数学教育の問題については、多くの数学関係書を参照させていただいた。とりわけ、銀林浩教授、水谷静夫教授の著作に教えられるところが多かった。ここに記して、感謝を申し上げる。

また、編集部の池田恵一氏のおすすめがなければ、本書はいまだに完成していなかったと思われる。本書の実際の出版にあたっては、部署を変わられた池田氏に代わって、同じ編集部の米山順一氏のお世話をいただいた。分量の削減をはじめ、原稿の細部まで適切なコメントをいただいた。書名も、同氏が考えて下さった。両氏にあつく御礼を申し上げる。

2007年8月

大谷泰照

[著者紹介]

大谷泰照（おおたに　やすてる）
昭和8年、京都府生まれ。昭和31年、大阪市立大学文学部卒業。桃山学院大学、関西大学、大阪大学、滋賀県立大学、各教授を経て、現在、名古屋外国語大学教授。大阪大学名誉教授、滋賀県立大学名誉教授。言語教育政策専攻。
編著：『世界25か国の外国語教育』（『英語教育』別冊、大修館書店）、『世界の外国語教育政策』（東信堂）、ほか。

日本人《にほんじん》にとって英語《えいご》とは何《なに》か
── 異文化理解《いぶんかりかい》のあり方《かた》を問《と》う

NDC 831/xi, 289p/19cm

初版第1刷――2007年10月25日

著者――大谷泰照《おおたにやすてる》
発行者――鈴木一行
発行所――株式会社大修館書店
〒101-8466 東京都千代田区神田錦町3-24
電話 03-3295-6231（販売部）/03-3294-2357（編集部）
振替 00190-7-40504
［出版情報］http://www.taishukan.co.jp

装幀者――井之上聖子
印刷所――壮光舎印刷
製本所――司製本

ISBN978-4-469-24528-8　Printed in Japan